講座 算数授業の新展開

算数の本質に迫る「アクティブ・ラーニング」

新算数教育研究会 編著

東洋館出版社

はじめに

清水　静海
（帝京大学教授・新算数教育研究会会長）

　新算数教育研究会（以下，新算研とする）は，これまで，小学校学習指導要領の改訂の度に，授業研究会，セミナー，全国大会など様々な機会を通して蓄積してきた実践及び実践研究の成果を反映させ，しかも学習指導要領が実現を目指す教育のあり方に配慮して講座を刊行し，算数教育関係者をはじめ多くの教育関係者に好評をいただいてきました。現在，次期学習指導要領に向けては改訂作業が本格的に展開されており，小・中学校の学習指導要領は年度内に告示の方向とされています。新算研では，これまで同様，講座を刊行する計画を進めているところです。

　本書は，講座の刊行に先立って「アクティブ・ラーニング」（以下，ALとする）への関心が高く，また，ALへの対応の状況について危惧の声が上がっていることなどに配慮し，算数やその学習指導の本質に根ざした，算数科における正真正銘のALのあり方について情報を提供させていただくため刊行することとなりました。

　現行学習指導要領には，各教科等の教育目標・内容と学習評価を一体的に把握すること，育成すべき資質・能力の内容を構造的に示すことにおいて課題があるとされ，平成26年11月20日文部科学大臣より中央教育審議会（以下，中教審とする）に教育課程の基準の改善について諮問があり，次期学習指導要領では「高い志や意欲を持つ自立した人間として，他者と協働しながら価値の創造に挑み，未来を切り開いていく力」の育成が中核に据えられることになっています。すなわち，「自立と協働による創造」を鍵とし，現行学習指導要領において強調されている習得・活用・探究をさらに高次の水準に高めることをねらっていると思われます。このため，授業の改善に当たっては「学

びの質や深まり」を重視する必要があり,「課題の発見と解決に向けて主体的・協働的に学ぶ学習」(いわゆる「アクティブ・ラーニング」)等を充実する方向が示されました。これを受けて,昨年8月26日中教審教育課程企画特別部会より「論点整理」が公表され,さらに検討を加えて今年8月26日中教審教育課程部会より「次期学習指導要領等に向けたこれまでの審議のまとめ」(以下,「審議のまとめ」とする)が公表され,その中で「主体的・対話的で深い学び」の実現という形でALの視点からの授業改善の要点が提案されています。なお,「審議のまとめ」については,現在パブリックコメントを受けており,年末頃には答申として公表される予定となっています。

これからの教育では,「生きる力」とは何かを次の三つの柱,生きて働く「知識・技能」,未知の状況にも対応できる「思考力・判断力・表現力等」及び学びを人生や社会に生かそうとする「学びに向かう力・人間性」の資質・能力の三つの柱に沿って具体化し,それらを「主体的・対話的で深い学び」を実現することを通して達成することが示され,この深い学びを見方・考え方の成長で捉える枠組みを提案しています。算数・数学科では,育成すべき三つの柱を「数学的に考える資質・能力」と総括し,これを「数学的活動」の充実と「数学的な見方・考え方」の成長により実現することが提案されています。この提案では,算数・数学の学びにおけるALを数学的活動の充実という文脈で受け止めているといえます。数学的活動は「事象を数理的に捉え,数学の問題を見いだし,問題を自立的,協働的に解決する」活動と再定義され,その過程は問題解決に視点をおいて「疑問や問いの気付き,問題の設定,問題の理解,解決の計画,計画の実行,結果の検討,解決過程や結果の振り返り,新たな疑問や問い,推測などの気付き(中・高等学校では「気付き」の部分が「発生」とされている)」としています。したがって,これまでの算数的活動は数学的活動に統合されて,小・中・高等学校の全体を通して,確かに,そして,豊かに数学的活動を展開することが期待されているといえます。

育成すべき資質・能力の三つの柱,知識・技能,思考力・判断力・表現力等,学びに向かう力・人間性に視点をおいて,授業改善のポイントになることを以下に整理します。まず,知識・技能は「生きて働

くもの」でなくてはならないとしています。この考えは平成元年の改訂で教育の質的な充実を視野に入れることになったことに由来します。単に「知っている」「できる」ではいけないのです。確かな理解を伴ったものであることが期待されています。これからの算数科では，「数量や図形などについての基礎的・基本的な概念や性質などを理解するとともに，日常の事象を数理的に表現・処理する技能を身に付ける」として，習得する知識・技能は数量や図形などに関わるものだけでなく，日常の事象を数理的に表現・処理することに関わることも加えて，これら双方についてバランスよく習得を図ることが期待されています。次に，思考力・判断力・表現力等については，未知の状況への対応を支える能力とされ，自立的，協働的な問題発見と解決を通して実現されるものとされています。算数科では，日常の事象を数理的に捉え見通しをもち筋道を立てて考察する力，基礎的・基本的な数量や図形の性質などを見いだし統合的・発展的に考察する力や，数学的な表現を用いて事象を簡潔・明瞭・的確に表したり柔軟に表したりする力が例示されています。最後に，学びに向かう力・人間性については，学びを人生や社会に生かそうとする姿勢や態度の涵養が期待されています。算数科では，数学のよさに気付いたり学習を振り返ってよりよく問題解決したりしようとすることが例示されています。

　「数学的な見方・考え方」は「事象を，数量や図形及びそれらの関係などに着目して捉え，論理的，統合的・発展的に考えること」と再定義され，数学的な見方に関わるものとして，数，量，図形，数量や図形の関係に着目することが例示されており，概念が重要な役割を果たすことが読み取れます。平成10年改訂より現行まで小学校学習指導要領算数科では「概念」が「意味」とされ，用語「概念」の復活が期待されるところです。「概念」は「深い学び」を通してよりよく成長していく姿が子供たちにおいても教師においても明確にできないと意味がありません。一方，数学的な考え方に関わるものとして，順序よく考える，関連付ける，適用範囲を広げる，条件を変える，新たな視点から捉え直すことなどが例示されており，従前の「数学的な考え方」や「数学的な見方や考え方」を巡る議論や研究等で話題になってきたことが主要な要素として含まれています。したがって，これらの

発展的解消として再定義された「数学的な見方・考え方」を位置付けることができると思います。

「数学的な見方・考え方」については，その成長に視点をおいて育成すべき資質・能力の三つの柱に即して深まりを捉えようとする枠組みが設定されています。なので，例えば，知識としての数の概念は，数の範囲や計算の意味の拡張，数の表し方，数の意味などについて，それらの学びを通して深まりと広がりをもってきたことを振り返って確認することが大切になります。このことで，学びの意味や必要性を自覚できるよう導くことが大切です。また，「順序よく考えること」のように，思考力・判断力・表現力等に関わることについては，「それはどのようなことか」「それはなぜか」について知ることも必要になります。さらに「それができること」にまで高めて，知識・技能としての「順序よく考えること」の習得となるといえます。自立的，協働的な問題発見や解決の過程でそれが適切に発動でき，問題発見と解決が達成できることで，それを思考力・判断力・表現力等として身に付けているといえるのです。これらのことについて，これまでを振り返り，再整理をすることが求められているといえます。自立的，協働的な問題発見や解決に関わる問題の設定，解決の計画，解決の過程や結果の振り返りなど主要な要素についても同様な対応が求められています。

最後になりましたが，本書の刊行に際し，企画，執筆，事例提供と協議などで多数の皆様にご協力いただきました。皆様のご協力があってのことと感謝申し上げます。

読者の皆様におかれましては，本書を算数科の授業改善にお役立ていただき，子供たちも皆様も楽しみや充実感をもって算数の学びやその指導に臨むことができることを願っています。

目次

はじめに ─── 1

特別寄稿　算数の本質とアクティブ・ラーニング ─── 笠井健一　8

第1部　提言：算数の本質とアクティブ・ラーニング ─── 19
提言1　数学的な見方・考え方を働かせること，顕在化させること，共有すること ─── 金本良通　20
提言2　アクティブ・ラーニングを支える教師の言葉かけと子供の聴き方 ─── 石田淳一　30

第2部　育成すべき資質・能力をはぐくむ授業改善
第1章　知識・技能をはぐくむアクティブ・ラーニング ─── 41
第1節　知識・技能をはぐくむアクティブ・ラーニング ─── 池田敏和　42
第2節　メタ認知の働きによって知識・技能を再構成する学習 ─── 佐藤　学　52
第3節　学びの質や深まりの重視─「課題発見」と「協働的な学び」に焦点を当てて─ ─── 茂呂美恵子　64
第4節　知識・技能をはぐくむアクティブ・ラーニング ─── 岡崎正和　74

第2章　思考力・判断力・表現力を育てるアクティブ・ラーニング ─── 85
第1節　他者を通して学ぶ─学習の振り返りとまとめを自覚的に行うこと─ ─── 二宮裕之　86
第2節　知識・技能・考え方の活用を目指した算数科の授業改善 ─── 松尾七重　96
第3節　算数のよさや美しさ，考える楽しさを味わう授業が思考力・判断力・表現力を育てる特効薬 ─── 細水保宏　107
第4節　思考力・判断力・表現力を育てるアクティブ・ラーニング ─── 長谷　豊　118

第3章　学びに向かう力を育てるアクティブ・ラーニング ─── 129
第1節　数学のよさに気付き，思考や行為を改善し続ける態度をはぐくむ ─── 清水美憲　130
第2節　学びに向かう力を育てるアクティブ・ラーニング ─── 中野博之　140
第3節　思考や行為を改善し続ける態度をはぐくむこと ─── 齊藤一弥　151
第4節　社会に生きて働く「主体的な学び」 ─── 赤井利行　160

第3部　提案と協議：算数科における「主体的・対話的で深い学び」の実現
　　　　　──アクティブ・ラーニングの視点からの授業改善── 171
　　参加者：清水静海・清水宏幸・中川愼一・山越励子・笠井さゆり・蒔苗直道（司会）

執筆者一覧 213

算数の本質に迫る
「アクティブ・ラーニング」

特別寄稿
算数の本質と
アクティブ・ラーニング

笠井　健一
国立教育政策研究所　教育課程調査官

1．「資質・能力」と「見方・考え方」

　平成28年8月26日，中央教育審議会初等中等教育分科会教育課程部会において，「次期学習指導要領に向けたこれまでの審議のまとめ」が示された。
　その中で，「これから子供たちが活躍する未来で一人一人に求められるのは，解き方があらかじめ定まった問題を効率的に解いたり，定められた手続を効率的にこなしたりすることにとどまらず，直面する様々な変化を柔軟に受け止め，感性を豊かに働かせながら，どのような未来を創っていくのか，どのように社会や人生をよりよいものにしていくのかを考え，主体的に学び続けて自ら能力を引き出し，自分なりに試行錯誤したり，多様な他者と協働したりして，新たな価値を生み出していくことであると考えられる」としている。
　そのため，まず子供が「『何ができるようになるのか』という観点から，育成を目指す資質・能力を整理する必要がある」としている。その上で，「『何を学ぶか』という，必要な指導内容等を検討し，その内容を『どのように学ぶか』という，子供たちの具体的な学びの姿を考えながら構成していく必要がある」としている。
　そして，育成を目指す資質・能力を次の三つの柱で整理した。
　①「何を理解しているか，何ができるか（生きて働く『知識・技能』の習得）」
　②「理解していること・できることをどう使うか（未知の状況にも対応できる『思考力・判断力・表現力等』の育成）」
　③「どのように社会・世界と関わり，よりよい人生を送るか（学

びを人生や社会に生かそうとする『学びに向かう力・人間性等』の涵養）」

また，各教科等における学びの過程の中で「"どのような視点で物事を捉え，どのように思考していくのか"という，物事を捉える視点や考え方も鍛えられていく」として，このような「『見方・考え方』は，各教科等の学習の中で活用されるだけではなく，大人になって生活していくに当たっても重要な働きをするものとなる」とし，「いわば，頭の中にある『見方・考え方』を活用しながら，世の中の様々な物事を理解し思考し，よりよい社会や自らの人生を創り出していると考えられる」としている。

そして，「この『見方・考え方』を支えているのは，各教科等の学習において習得した概念（知識）や考え方である。知識が豊かになれば見方も確かなものになり，思考力や人間性が深まれば考え方も豊かになる。いわば，資質・能力が，学習や生活の場面で道具として活用されているのが『見方・考え方』であり，資質・能力を，具体的な課題について考えたり探究したりする際に必要な手段として捉えたものであると言えよう」と述べ，「各教科等を学ぶ本質的な意義の中核をなすのが『見方・考え方』であり，教科等の教育と社会をつなぐものである」と結論づけている。

では，算数科において育成を目指す「資質・能力」や学習する際に活用される手段である「見方・考え方」とは何か。このことを明らかにすることで，算数教育の本質について答えることにしたい。

２．算数科で育成を目指す「資質・能力」と「見方・考え方」とは

そこで本稿では，過去の学習指導要領の目標を振り返り，目標に書かれたことを基に，「資質・能力」と「見方・考え方」について明らかにする。特に算数科で育成を目指す「資質・能力」については大きく「知識・技能（理解している・習熟する）」「能力（できる）」「態度」に分類できるが，その中で「能力」と「態度」について考察する。

特別寄稿　算数の本質とアクティブ・ラーニング

(1) 昭和22年と26年の試案より

昭和22年と26年は試案として示されている。

学習指導要領 算数科 数学科 編（試案）昭和22年度　文部省

算数科・数学科指導の目的

　小学校における算数科，中学校における数学科の目的は，日常の色々な現象に即して，数・量・形の観念を明らかにし，現象を考察処理する能力と，科学的な生活態度を養うことである。

　この目的を具体的に考えてみると，次のようなことがあげられる。

1．数と物とを対応させる能力を養い，数える技能の向上をはかること。
2．数系統を明らかにし，数の基本的な性質の理解を深めること。
3．四則計算の意味を理解し，それらの相互関係を明らかにすること。
4．計算の能力を養い，その技能の向上をはかること。
5．比の観念を明らかにし，その使用に習熟させること。
6．極限の観念を明らかにし，その理解を深めること。
7．数学で取り扱う基礎的な量の理解を深めるとともに，その測定に習熟させ，測定技術の向上をはかること。
8．数学で取り扱う基礎的な量に関する計算に習熟させ，また，それらの単位の間にある相互関係を明らかにすること。
9．色々なことがらを，グラフや表などに表わしたり，またグラフや表などに表わされたものを，理解する能力を養うこと。
10．量の間にある関係を函数として考えたり，それを図にかいたりする能力を養うこと。
11．函数関係を，言葉や式で簡潔に表わしたり，また，言葉や式で表わされた函数関係を，理解する能力を養うこと。
12．問題の構成を明らかにし，簡単に計算したり，式によって計算したりする能力を養うこと。
13．数や量の大きさを，場合に応じて，直観的に評価する能力を養い，概数・近似値・測定値の取り扱いに習熟させ，正確度とその制約に関する理解を深めること。
14．社会現象に対する関心を深め，統計的事実を理解したり，使用したりする能力を養うこと。

15. 物の概略の形をとらえたり，また，物の形や構造を図や言葉に表わしたり，模型に作ったりする能力を養うこと。
16. 幾何図形の基礎的性質を直観的にとらえる能力を養うこと。
17. 物のはたらきを明らかにし，力に関する理解を深めること。
18. 数学的な言葉の理解を深め，その使用に習熟させること。
19. 文化財・生産財として，数学がどんな位置を占めているかということについての知識と理解を深めること。

小学校学習指導要領算数科編（試案）昭和26年（1951）改訂版

算数科の一般目標

(1) 算数を，学校内外の社会生活において，有効に用いるのに役だつ，豊かな経験を持たせるとともに，物事を，数量関係から見て，考察処理する能力を伸ばし，算数を用いて，めいめいの思考や行為を改善し続けてやまない傾向を伸ばす。

(a) 一般社会人の生活，特に経済生活をしていくのに必要な数的資料として，どんな種類のものがあるか，また，これをどこから手に入れることができるかなどの知識を広めるとともに，その資料を利用する能力や傾向を伸ばす。

(b) 日常生活を，数量関係から見て分析したり，総合したりして，筋道をたて，問題をとらえる能力や傾向を伸ばすとともに，これを解決する能力を伸ばす。

(c) 社会・理科・図画工作などの算数以外の分野において，数量関係を見抜き，それが，巧みに処理できることから，算数が，どんなに大きな貢献をしているかを知り，数量関係を生かして用いる能力や傾向を伸ばす。

(d) 書物を読んだり，実務を処理したりするときに，よく出会う数量関係についての用語や記号の理解を深めるとともに，これらの用語や記号を用いて，正しく考えたり，まちがいなく他人に伝えたりする能力や傾向を伸ばす。

(e) もののねうち，長さなどの測定の発達，その測定の社会的意義，実測の手続についての理解を深め，計器の使用に必要な技能を伸ばすとともに，正確な計器を正しく用いる能力や傾向を伸ばす。

- (f) 算数は，数量関係をいっそう正確に，気楽に，能率のあがるように，しかも的確に考察処理するのに有用であることの理解を伸ばすとともに，算数を生活の向上に生かして用いる能力や傾向を伸ばす。
- (2) 数学的な内容についての理解を伸ばし，これを用いて数量関係を考察または処理する能力を伸ばすとともに，さらに，数量関係をいっそう手ぎわよく処理しようとして，くふうする傾向を伸ばす。
- (a) 位取りの原理についての理解を深め，これが，計算や記録するのに，簡単で能率をあげるのに役だつことの理解を深める。
- (b) 必要に応じて，正しく，しかも，適当な速さで計算ができるようにする。
- (c) 必要に応じて概数をとったり，概算をしたり，また，近似値を用いる能力を伸ばすとともに，その正確さと，それに対する制約についての理解を深める。
- (d) 数量的な用語や記号についての理解を伸ばすとともに，これを正しく用いる能力を伸ばす。
- (e) 数量関係をはっきり示すためにいろいろな方法を用いたり，その方法をくふうしたりする能力を伸ばす。
- (f) 図形の性質や物の形の概略を，直観的にとらえる能力を伸ばすとともに，物の形や構造を，図やことばで表わしたり，模型に作ったりする能力を伸ばす。
- (g) 数的な資料を，表やグラフにまとめたり，表やグラフで示されたことを理解したりする能力を伸ばすとともに，表やグラフを有効に用いる能力を伸ばす。
- (h) 数量関係を，いっそう手ぎわよく考察処理しようとして，くふうし続ける傾向を伸ばす。

このように，昭和22年，26年の試案では，算数を教えることで子供たちにどのような能力を身に付けることを期待しているかが具体的に書かれていてわかりやすい。特に，昭和26年では，日常生活や社会生活，そして他教科の学習などで用いるのに役立つことと，数学的な内容についての理解とそれを用いる能力を伸ばすことの2つに大きく分けていることが特徴である。

態度に関しては，22年は「科学的な生活態度」，26年は「算数を用いて，めいめいの思考や行為を改善し続けてやまない傾向」と「数量関係をいっそう手ぎわよく処理しようとして，くふうする傾向」が，一つ一つの項目の上位項目として示されている。

　能力については，22年は「日常な色々な現象に即して，現象を考察処理する能力」，26年は「物事を，数量関係から見て，考察処理する能力」「数学的な内容を用いて数量関係を考察または処理する能力」と示されている。

　また，26年はそれぞれの項目に「能力や傾向を伸ばす」と示されていて，そのことができることだけでなく，できるようにしようとすることも含めて育成していこうとしていることがわかる。

　見方や考え方に着目すると，見方としては，26年には，日常生活や物事を「数量関係から見」ることが述べられている。また，考え方としては，「正しく考え」たり，「いっそう正確に，気楽に，能率のあがるように，しかも的確に考察」したり，「いっそう手ぎわよく考察」することが述べられている。

(2) 昭和33年と43年

　昭和33年と43年では目標については具体的な内容はなくなった。

小学校学習指導要領　昭和33年改訂

1. 数量や図形に関する基礎的な概念や原理を理解させ，より進んだ数学的な考え方や処理のしかたを生み出すことができるようにする。
2. 数量や図形に関する基礎的な知識の習得と基礎的な技能の習熟を図り目的に応じ，それらが的確かつ能率的に用いられるようにする。
3. 数学的な用語や記号を用いることの意義について理解させ，具体的なことがらや関係を，用語や記号を用いて，簡潔・明確に表わしたり考えたりすることができるようにする。
4. 数量的なことがらや関係について，適切な見通しを立てたり筋道を立てて考えたりする能力を伸ばし，ものごとをいっそう自主的，合理的に処理することができるようにする。
5. 数学的な考え方や処理のしかたを，進んで日常の生活に生かす態度

を伸ばす。

上に掲げた算数科の目標は，相互に密接な関連をもつものであり，算数科の指導において絶えず考慮すべきことがらを掲げたものであるが，特に，目標5は，目標1，2，3及び4の指導を通して，児童の科学的な生活態度を育成することの必要を示したものである。

小学校学習指導要領　昭和43年7月

　日常の事象を数理的にとらえ，筋道を立てて考え，統合的，発展的に考察し，処理する能力と態度を育てる。

　このため，

1. 数量や図形に関する基礎的な概念や原理を理解させ，より進んだ数学的な考え方や処理のしかたを生み出すことができるようにする。
2. 数量や図形に関する基礎的な知識の習得と基礎的な技能の習熟を図り，それらが的確かつ能率よく用いられるようにする。
3. 数学的な用語や記号を用いることの意義について理解させ，それらを用いて，簡潔，明確に表わしたり考えたりすることができるようにする。
4. 事象の考察に際して，数量的な観点から，適切な見通しをもち，筋道を立てて考えるとともに，目的に照して結果を検討し処理することができるようにする。

　昭和33年と43年では，3つの理解と，そのことを基にした能力が共通に示されている。4番目は，「見通し」をもち「筋道を立てて考え」ることが共通に述べられているが，33年には，「ものごとをいっそう自主的，合理的に処理する」としているのに対して，43年は「目的に照らして結果を検討し処理する」ことが述べられている。以上の4つの目標の上に，総括的目標が示される構造になっている。

　態度については，33年には「数学的な考え方や処理のしかたを，進んで日常の生活に生かす態度」と「科学的な生活態度」が示されている。43年では，「日常の事象を数理的にとらえ，筋道を立てて考え，統合的，発展的に考察し，処理する能力と態度」として，能力と態度をまとめて示している。

能力については，33年と43年では，「数量や図形に関する基礎的な概念や原理の理解」「数量や図形に関する基礎的な知識の習得と技能の習熟」「数学的な用語や記号を用いることの意義の理解」の３つそれぞれについて，そのことを基にした能力が共通に示されている。
　４番目について，33年は「数量的なことがらや関係について，適切な見通しを立てたり筋道を立てて考えたりする」能力と「ものごとをいっそう自主的，合理的に処理することができる」ことが示されている。43年は「事象の考察に際して，数量的な観点から，適切な見通しをもち，筋道を立てて考えるとともに，目的に照して結果を検討し処理することができる」ことが述べられている。33年と43年の４番目は，「見通し」と「筋道を立てて考え」ることが共通である。
　見方や考え方に着目すると，見方については，33年では「数量的なことがらや関係について，適切な見通しを立てたり」，43年でも「数量的な観点から，適切な見通しをもち」と，どの教科でも通用する「見通し」という言葉で書かれているのに対して，43年の総括目標には「日常の事象を数理的にとらえ」と，「数理的」という用語が用いられている。
　考え方については，「筋道を立てて考え」ることが33年から示されるようになった。また，数学的な用語や記号を用いて「簡潔，明確に表したり考えたり」することも述べられている。43年の総括目標には，「筋道を立てて考える」だけでなく「統合的・発展的に考察」することも述べられている。

(3) 昭和52年～平成20年

　昭和52年から平成20年までは，目標は端的に一文で示されることになった。この一文の中に，数量や図形についての「知識と技能」，考える「能力」「態度」は常に示されている。また，平成10年からは「算数的活動を通して」と，活動が目標に示されるようになった。

小学校学習指導要領　昭和52年７月
　　数量や図形について基礎的な知識と技能を身につけ，日常の事象を数理的にとらえ，筋道を立てて考え，処理する能力と態度を育てる。

小学校学習指導要領　平成元年3月
　数量や図形についての基礎的な知識と技能を身に付け，日常の事象について見通しをもち筋道を立てて考える能力を育てるとともに，数理的な処理のよさが分かり，進んで生活に生かそうとする態度を育てる。

小学校学習指導要領　平成10年12月
　数量や図形についての算数的活動を通して，基礎的な知識と技能を身に付け，日常の事象について見通しをもち筋道を立てて考える能力を育てるとともに，活動の楽しさや数理的な処理のよさに気付き，進んで生活に生かそうとする態度を育てる。

小学校学習指導要領　平成20年3月
　算数的活動を通して，数量や図形についての基礎的・基本的な知識及び技能を身に付け，日常の事象について見通しをもち筋道を立てて考え，表現する能力を育てるとともに，算数的活動の楽しさや数理的な処理のよさに気付き，進んで生活や学習に活用しようとする態度を育てる。

　態度に関しては，52年は「日常の事象を数理的にとらえ，筋道を立てて考え，処理する能力と態度」と43年を踏襲して「能力と態度」をまとめて捉えているのに対して，平成元年からは「進んで生活に生かそうとする態度」が明示されるようになった。平成20年では「生活や学習に活用しようとする態度」と学習に活用しようとすることが明示されるようになった。

　能力については，平成元年以降「日常の事象について見通しをもち筋道を立てて考える能力」が一貫して用いられ，平成20年では「日常の事象について見通しをもち筋道を立てて考え，表現する能力」と「表現する」ことが示されるようになった。

　見方や考え方については，見方については43年の総括目標にあった「日常の事象を数理的にとらえ」は，52年でも引き継がれたが，その後は「見通し」という言葉に変わっている。考え方については，「筋道を立てて考える」と共通である。

(4) これからの算数科における「資質・能力」と「見方・考え方」
　審議のまとめでは，算数科で育成を目指す資質・能力を「算数科に

おける教育のイメージ」として次のように示した。
　◎　数学的な見方・考え方を働かせ，算数の学習を生活や学習に活用するなどの数学的活動を通して，数学的に考える資質・能力を次のとおり育成することを目指す。
　①　数量や図形などについての基礎的・基本的な概念や性質などを理解するとともに，日常の事象を数理的に表現・処理する技能を身に付ける。
　②　日常の事象を数理的にとらえ見通しをもち筋道を立てて考察する力，基礎的・基本的な数量や図形の性質などを見いだし統合的・発展的に考察する力や，数学的な表現を用いて事象を簡潔・明瞭・的確に表したり柔軟に表したりする力を養う。
　③　数学のよさに気付き，算数の学習を生活や学習に活用したり，学習を振り返ってよりよく問題解決したりする態度を養う。
「日常の事象を数理的にとらえ見通しをもち筋道を立てて考察する」「統合的・発展的に考察する」「生活や学習に活用する」など，これまでの学習指導要領で大切にしてきたことが受け継がれている。
　また，審議のまとめでは，算数・数学科において育成を目指す「数学的な見方・考え方」について，「数学的な見方」については，事象を，数量や図形及びそれらの関係についての概念等に着目してその特徴や本質を捉えることであると整理し，「数学的な考え方」については，目的に応じて数・式，図，表，グラフ等を活用し，論理的に考え，問題解決の過程を振り返るなどして既習の知識・技能等を関連付けながら統合的・発展的に考えることであると整理した。
　これらを踏まえ，算数・数学において育成される「数学的な見方・考え方」については，「事象を，数量や図形及びそれらの関係などに着目して捉え，論理的，統合的・発展的に考えること」として再整理した。小学校算数では，「事象を，数量や図形及びそれらの関係などに着目して捉え，根拠を基に筋道を立てて考え，統合的・発展的に考えること」としている。

3. アクティブ・ラーニング

　審議のまとめでは，「子供たちが，学習内容を人生や社会の在り方と結びつけて深く理解し，これからの時代に求められる資質・能力を身に付け，生涯にわたって能動的に学び続けたりすることができるようにするためには，子供たちが『どのように学ぶか』という学びの質が重要になる」として，学びの質は「子供たちが，主体的に学ぶことの意味と自分の人生や社会の在り方を結びつけたり，多様な人との対話で考えを広げたり，各教科等で身に付けた資質・能力を様々な課題の解決に生かすよう学びを深めたりすることによって高まると考えられる」としている。そして，「こうした『主体的・対話的で深い学び』が実現するように，日々の授業を改善していくための視点を共有し，授業改善に向けた取組を活性化しようとするのが，『アクティブ・ラーニング』の視点である」としている。

　「主体的・対話的で深い学び」の実現とは，以下の視点に立った授業改善を行うことで，学校教育における質の高い学びを実現し，学習内容を深く理解し，資質・能力を身に付け，生涯にわたって能動的（アクティブ）に学び続けるようにすることである。

　算数・数学では，児童生徒自らが，問題の解決に向けて見通しをもち，粘り強く取り組み，問題解決の過程を振り返り，よりよく解決したり，新たな問いを見いだしたりするなどの「主体的な学び」の視点。事象を数学的な表現を用いて論理的に説明したり，よりよい考えや事柄の本質について話し合い，よりよい考えに高めたり事柄の本質を明らかにしたりするなどの「対話的な学び」の視点。既習の数学に関わる事象や，日常生活や社会に関わる事象について，「数学的な見方・考え方」を働かせ，数学的活動を通して，新しい概念を形成したり，よりよい方法を見いだしたりするなど，新たな知識・技能を身に付け，知識の構造や思考，態度が変容する「深い学び」の視点である。

第1部
提言：
算数の本質と
アクティブ・ラーニング

提言1
数学的な見方・考え方を働かせること，顕在化させること，共有すること

金本 良通
日本体育大学

1．アクティブ・ラーニングの規定としての「主体的・対話的で深い学び」

　文部科学省が提起する教育上のキーワードは政策的な文脈に位置付くものである。アクティブ・ラーニングという言葉もそのようなものであり，その時代の教育課題に向けて発せられているものである。
　大学教育の質的改善に向けて発せられたアクティブ・ラーニング（中央教育審議会，2012）が，初等中等教育の教育課程の改善の諮問（中央教育審議会，2014）に当たり，「『何を教えるか』という知識の質や量の改善はもちろんのこと，『どのように学ぶか』という，学びの質や深まりを重視することが必要」との認識のもと，「課題の発見と解決に向けて主体的・協働的に学ぶ学習」として示された。その後，アクティブ・ラーニングの3つの視点「(1) 習得・活用・探究の見通しの中で，教科等の特質に応じた見方・考え方を働かせて思考・判断・表現し，学習内容の深い理解につなげる『深い学び』が実現できているか。(2) 子供同士の協働，教師や地域の人との対話，先哲の考え方を手掛かりに考えること等を通じ，自らの考えを広げ深める『対話的な学び』が実現できているか。(3) 学ぶことに興味や関心を持ち，自己のキャリア形成の方向性と関連づけながら，見通しを持って粘り強く取り組み，自らの学習活動を振り返って次につなげる『主体的な学び』が実現できているか」が示されて精緻化され，さらに，「深い学び」を中心に据えて「主体的・対話的で深い学び」としてその捉え方が定まった。さらに，そのような「学びの『深まり』の鍵となるものとして，すべての教科等で議論されているのが，(中略) 各

提言1　数学的な見方・考え方を働かせること，顕在化させること，共有すること

教科等の特質に応じた『見方・考え方』である」と，方策上の焦点が明確にされることとなった（教育課程部会，2016）。

　このような「主体的・対話的で深い学び」を教科の本質に根ざして実現することがアクティブ・ラーニングというキーワードによって求められていることであり，また，その中心的な役割を果たすものとして「見方・考え方を働かせること」の実践の姿を描いていくことが求められている。そして，中央教育審議会教育課程部会（2016）は，このような意図から，算数・数学科での「主体的・対話的で深い学び」の実現によって次のような資質・能力の育成を目指すこととしている（小学校算数科のものを転載する）。

　　「数学的な見方・考え方を働かせ，算数の学習を生活や学習に活用するなどの数学的活動を通して，数学的に考える資質・能力を次のとおり育成することを目指す。／①数量や図形などについての基礎的・基本的な概念や性質などを理解するとともに，日常の事象を数理的に表現・処理する技能を身に付ける。②日常の事象を数理的にとらえ見通しをもち筋道を立てて考察する力，基礎的・基本的な数量や図形の性質などを見いだし統合的・発展的に考察する力や，数学的な表現を用いて事象を簡潔・明瞭・的確に表したり柔軟に表したりする力を養う。③数学のよさに気付き，算数の学習を生活や学習に活用したり，学習を振り返ってよりよく問題解決したりする態度を養う。」

　この「数学的な見方・考え方」は，教育課程上の一貫的な原理として示される「見方・考え方」，すなわち，「"どのような視点で物事を捉え，どのように思考していくのか"という，物事を捉える視点や考え方」（教育課程部会，2016）として示されているものの算数・数学科の特質に応じて示されたものである。そして，「数学的な見方・考え方のうち，『数学的な見方』については，事象を数量や図形及びそれらの関係についての概念等に着目してその特徴や本質を捉えることである」，また，「『数学的な考え方』については，目的に応じて数・式，図，表，グラフ等を活用し，論理的に考え，問題解決の過程を振り返るなどして既習の知識・技能等を関連付けながら統合的・発展的に考えることである」と整理されている。

本稿は，このような結論を受け止めるに当たって必要な算数・数学教育上の重要な主張を振り返ることにより，「算数科の本質」としてどのようなことが大切にされてきたかを明確にし，現在の取り組みをそれらの発展として位置付け，また，実践への示唆を引き出していくこととする。

２．創造的活動の継承と発展

　教育課程部会（2016）が示した育成を目指す資質・能力の②に「統合的・発展的に考察する力」が示されているが，教科の目標に相当する部分にこのことが位置付いたのは，昭和43年の小学校学習指導要領においてであった。そのときの算数科の総括目標に「日常の事象を数理的にとらえ，筋道を立てて考え，<u>統合的，発展的に考察し，処理する能力と態度を育てる</u>」（以下，下線は引用者）と示されている。数学教育現代化の時代と呼ばれる時期の学習指導要領であった。そして，その「統合的・発展的に考察する力」は，「創造的活動の実践」（中島，1974）を教科の目標に位置付けるに当たって数学を創り出す活動の根幹となる部分として示されたものであった。

　そのことの理解のためには，中島健三の論を振り返っておくことが不可欠である。中島健三は，算数・数学科の目標に関わって創造性を重視した。教科の目標を考える場合，実用性・陶冶性・文化性の３点を挙げることは広く認められることであるが（cf.日本数学教育学会，2010），中島（1974）はさらに創造性を位置付けることの重要さを強調し，「<u>創造的な実践活動を行うことができ，それに美しさ楽しさを認めることができるようにすること（創造的活動の実践）</u>」を「目標を考える基本的観点」のうちの第４の観点とした。また，この第４の観点と他の観点について，「ここでの『創造的活動』というものは，実用的目的，文化的目的，陶冶的目的というそれぞれの立場から究極においてねらうことがらを統合したものである」としている（中島，1974）。そして，このような目標構造を基に，「<u>創造的活動としての『数学的な考え方』</u>」が示され，「数学的な考え方というものを，１つの合目的的な創造的活動ができるという，『<u>行為</u>』<u>の形でとらえる</u>」

（中島，1974）と強調している。昭和43年改訂の小学校学習指導要領算数科の総括目標に統合的・発展的な考え方が位置付けられたことの教育課程論上の理論であった。

　このような「数学的な考え方」という言葉は，まずは昭和33年版学習指導要領において用いられ，その後算数・数学教育界での「数学的な考え方」とは何かという議論を経て，東京都立教育研究所が国際的な数学教育現代化の流れの中で「数学的な考え方に関する研究」（1969）をまとめて以降，片桐重男の一連の研究（ex.1988a，1988b，2012，2014）によって，中島の提起したことの発展的な特徴をもって展開され現在へと至っているものである。

　そして，今日的には，1980年代以降に顕著になってきた，「能力」の構成要素を明確にしながら具体的文脈における統合的な実践として実現を目指すという，「能力」育成に関する国際的な動向としての要素的・統合的・文脈的な取り扱いにおいて生かしていくべき重要な研究となっている（cf.金本，2014b）。また，現在進行中の学習指導要領改訂の議論において，これらのことが振り返られ踏まえられているのは，現時点での我が国の教育が，平成25年に内閣府で決定された「第2期教育振興基本計画」に依存していることによる。そこでは，「『自立』『協働』『創造』を基軸とした新たな社会モデルを実現するための生涯学習社会の構築」が主張され，「社会を生き抜く力の養成〜多様で変化の激しい社会での個人の自立と協働〜」が提起されていることによる。

3．現代化以前／以降における創造的活動の施策化

　現在の教育課程における創造的活動の重視には中島健三の論を踏まえることが欠かせないが，算数科の本質を捉えるためにも，我が国の算数・数学教育史上の重要な施策を踏まえておきたい。一つは，戦時中に教科の統合に取り組んだときのものであり，そのときに文部省において仕事を進めていた前田隆一のものである。他の一つは，平成10年版学習指導要領の基になった教育課程審議会答申（1998）である。

　前田は昭和はじめの緑表紙教科書の後に続く水色表紙教科書「カズ

ノホン」の編集を行い，また，中等学校数学再構成運動の中で要目改正に携わっている。緑表紙教科書を編纂した塩野直道が「計算のほうは大体自分は書けた。だけど図形は全然やってない。一つここで君，考えてくれ」と希望したとのことであり（阿部・中島・前田，1979），我が国の図形教育の基を築いたことで重要である。その特徴は"全体的・直覚的"な把握と"分析的・論理的"な思考との織り合わせにあるといえるが（阿部・中島・前田，1979），このような前田が，創造的な思考活動を強調している点には十分留意しておきたい。

「私は，カズノホンの原稿を書きつつ塩野氏と交わした議論から，初等数学教育の要諦を学んだことに深く感謝しながらも，ふたりの議論の根底には数学観の違いがあること，そして，その違いは，数学を塩野氏は物理人の眼で捉え，私は数学人の眼で捉えていることから来ていることに気づいた。具体的事実から学習を通して子どもが抽象した知見は，塩野氏には，数学的にすでに確認され，活用の期待される知識であるのに対し，私にはそれは，子どもの数理的認識の所産，いわば子どもが創出したものであり，さらに検討を経ていくことによって，子どもの数学的知識となるものだといえる。したがって検討の過程で，別の姿に転ずることもありうる」（前田，1995）と述べ，「能動的，創造的な思考活動」（前田，1995）を重視している。

塩野直道は理数科算数について，「理智的な見方，考え方，取り扱い方等のはたらきを練り，実生活への適用能力と，合理創造の精神を養う教科を考へ（中略），はたらきの数量形に関するものを練り，合理創造の精神の一面としての数理思想を養うのが算数の目的であるとしたのである」「理数科では，見方・考え方・扱い方のはたらきを練るという点が強調された点，および，理科との関係を特に密接にしなくてはならなくなった点が注目を要する」（塩野，1947）としている。また，彌永昌吉との往復書簡の中で「はたらきについて例を挙げれば，事実に即して本質をつかむ直観のはたらき，事実に即して実証するはたらき，分析綜合するはたらき，抽象し具体化するはたらき，そこには，帰納的に或いはまた演繹的に推究するはたらき，事物を正確簡明に処理するはたらき等いろいろ考へられます」（塩野・彌永，1943）と述べている。「見方・考え方・扱い方のはたらき」を通した

適用と創造が強調され，また，「はたらき」を精緻に捉えていた。

　他の一つである教育課程審議会答申（1998）は，現代化以降の重要な制度化を担ったものとして捉えることができ，答申の中の算数・数学科の基本方針に次のように「創造性の基礎を培う」ことが示されている。すなわち，「小学校，中学校及び高等学校を通じ，数量や図形についての基礎的・基本的な知識・技能を習得し，それを基にして<u>多面的にものを見る力</u>や<u>論理的に考える力</u>など<u>創造性の基礎を培う</u>とともに，事象を数理的に考察し，処理することのよさを知り，自ら進んでそれらを活用しようとする態度を一層育てるようにする」とし，高等学校数学科の目標に「創造性の基礎を培う」ことが位置付けられ，現在に至っている。高等学校数学科の目標に位置付けられていることにより，初等中等教育の算数・数学科の目標の発達的な一貫性・整合性の原則により，それは重要な役割を果たしている。

　このようにして，算数・数学科における創造性は，教科の本質的な部分として制度化されてきており，それが，社会的状況の中でその現れ方に違いはあるものの，一貫的に<u>重視され継承され発展されてきて</u>いるものであると言うことができる。

4．数学的な見方・考え方を顕在化させること，共有すること

　数学的な見方・考え方を授業を通してどのように養っていくとよいのか。ここでは，細水保宏（2015）の授業「式と計算（おもしろい計算：「式と計算」の活用）」を基に，そのことを述べてみたい。

　学習活動は，まず「1から9までの和を求める問題を解き，その解き方をみんなで考える」活動に取り組み，次に「11から99までの和を求める問題を解き，その解き方をみんなで考える」活動，最後にそれらを「振り返りつつ，さらに，$111+222+333+444+555+666+777+888+999$，そして，$1111+2222+3333+4444+5555+6666+7777+8888+9999$へと発展的に考えていこう」というところで終了している。

　ここでは，数学的な見方・考え方を価値付け，顕在化させ，共有することを促していく様子を見ておきたい。授業展開の第1場面である「1から9までの和を求める問題を解き，その解き方をみんなで考え

る」活動の記録を引用する。

> S　(2) 1＋8＝9，2＋7＝9，3＋6＝9，4＋5＝9，あと9，9が5こだから，9×5＝45。
> T　どうですか。／S　（拍手）
> T　いいよ。満点。どんなやり方だって言ってから，式で説明してくれたんだ。／S　はい。じゃあ別の方法。／T　どうぞ。
> S　えっと，図で表すと，さっき田中君が話してくれた1＋8，2＋7，3＋6，4＋5で，余った9をたして45。（※数を線で結ぶ）
> T　どうですか。／S　ちょっと。
> T　「ちょっと」。はい，どうぞ。
> S　わかりやすく言える。えっと，結局9×5は，
> 　(2) 0＋1＋2＋3＋4＋5＋6＋7＋8＋9
> 　　　0＋9，1＋8，2＋7，3＋6，4＋5
> ということにできるから，えっと，<u>これは，これとおんなじやり方</u>だけれども，<u>10って数で数えるか，それとも9って数で数えるかっていうところが変わっている。</u>
> T　わかった。／S　はい。わかります。
> T　これはねえ，先生のクラスでも一人だけだったよ，言ったの。それで，先生感動したんだよ。わかった？一回聞いてわからないんだけど，わかった人は説明できるかな。
> S　えっと，これで，こうなると，9だけ残ると，全部2つなのに最後だけ1つで余っちゃうから，えっと0を入れるとちょうど9のかたまりがいくつあるかわかって，それで，9×5って式になる。
> T　どう？はい，ありがとうございました。<u>すごい。だって，最初の0はないんだもん。ないものをちゃんと書いてさ，なんで0をつけたの？</u>どうぞ。
> S　<u>わかりやすいように。</u>
> T　あっ，そう，わかりやすく。なんでわかりやすいんだろう？
> S　<u>セットになるから。</u>
> T　そうだなあ，<u>さっきこの場面で一個だけ5だったからね。</u>こ

> の場合は9ね，かわいそうだっていうわけだ。だからこれで「ペアに組むよ，ペアに組むよ」ってね。0を入れるとね，<u>みんなの言葉で言ってわかりやすいんだって</u>（※板書「わかりやすい！」による顕在化，共有へ）。さっき，すごい素敵だったんだよ。<u>こっちと同じようにできるんだって</u>（※板書「前と同じようにできる！」による顕在化，共有へ）。算数的だよね。前と同じように，これ。もちろんこっちでもいいんだよ。9のかたまり作ったんだけど，<u>こっちの方がちょっと綺麗かもしれないな。ペアが必ずいるもん。</u>

このように，子供が黒板に書いた式，0+1+2+3+4+5+6+7+8+9とペアをつくる線とその説明を価値付け，「わかりやすい！」「前と同じようにできる！」とその場所に板書し，みんなの前にその考え方を顕在化させ，さらに共有を促していることがわかる。

このように活動を振り返り，そこで"働いた"見方・考え方を顕在化させ，その状況とともに一般的な形で価値付け捉えておくことが大切なのだと思う。言い換えれば，「特殊－一般」の関係で"当該状況"において機能している見方・考え方を"一般的"に理解しておき，新たな"特殊な状況"へ見方・考え方を働かせることへの構えとするということである（cf.金本，2012；石井，2014）。なお，このような構えには他に，「前に学習した似たようなことが使えないかな」という，「類似性の判断」とともに見方・考え方を働かせていくための構えがあるが，ともに強調しておきたい。具体的な状況の中で価値付け，顕在化し，子供たちに意識化させ，さらに活用を促していく手立てを検討することが重要であり，実践的に深めていきたいことである（cf.金本，2015b）。

5．算数科の本質としての創造的活動の今日的展開

筆者は，我が国の算数・数学教育では，算数科の本質としての数学の創造，創造的活動の実践を教育課程の根幹に据えてきていると考えている。学習過程において働かせ，顕在化させ，共有すべき「数学的

な見方・考え方」は，このことと関わっておくべきものと考えている。

そして，このことをさらに進めていくことが重要であり，今日においては，第1に，数学の世界の中で捉えることによる数学的な見方・考え方の強調，いわば帰納的・類推的・演繹的に捉え考えること，また統合的・発展的に捉え考えることによって創造的活動を実現していくこと，そして，算数・数学を貫き内容を生み出す基となる考えとしての「単位の考え」や「関数の考え」等，数学的な考えに着目し強調することが求められていると考えている。そして，第2に，「多面的にものを見ること」に留意し，数学の世界での多面性だけではなく，数学の外との多面的な関わりを通した認識の「横」への広がりを創り出しつつ，その状況に応じて具体化・特殊化し活用していくことに必要とされる能力の育成が求められていると思う（金本，2015a）。

既に中央教育審議会教育課程部会（2016）は，「算数科・数学科において育成される『数学的な見方・考え方』については，『事象を数量や図形及びそれらの関係などに着目して捉え，論理的，統合的・発展的に考えること』として再整理することが適当である」とまとめているが，このことを，歴史的背景と今日的状況の中で受け止めておくことが重要と考えている。そして，その上で，教科の目標に関わって「数学的な見方・考え方を働かせ，算数の学習を生活や学習に活用するなどの数学的活動を通して，数学的に考える資質・能力を次のとおり育成することを目指す」と示したことを受け止め，授業実践を基にその趣旨を豊かに実現していくことができるようにしていきたいと思う。

【引用・参考文献】
阿部浩一・中島健三・前田隆一（1979），図形の指導をめぐって－回顧と展望－，前田隆一（著），『算数教育論－図形指導を中心として－』(pp.183-210)，金子書房．
池田敏和・大澤隆之・清水美憲・鈴木誠・高橋聡・金本良通（2015），算数・数学科の目標と算数的活動・数学的活動について－次期学習指導要領への提言－，日本数学教育学会誌，第97巻第5号，pp.21-37.
石井英真（2014），これから育成すべき資質・能力の指導と評価のあり方，教育展望，第60巻第8号，pp.46-51.

提言 1　数学的な見方・考え方を働かせること，顕在化させること，共有すること

片桐重男（1988a），『数学的な考え方・態度とその指導 1，数学的な考え方の具体化』，明治図書．
片桐重男（1988b），『数学的な考え方・態度とその指導 2，問題解決過程と発問分析』，明治図書．
片桐重男（2012），『算数教育学概論』，東洋館出版社．
片桐重男（2014），『算数教育学概論：指導法・評価・事例編』，東洋館出版社．
金本良通（2012a），身に付けさせたい能力を明確にして実現を図る，教育科学 数学教育，No.654, pp.10-11．
金本良通（2012b），数学的表現そして論理的構築を表す言語とともに，学校教育，No.1141, pp.6-11．
金本良通（2012c），考え方の状況横断的な取扱い，新しい算数研究，No.503, p.1．
金本良通（2013），言語活動を生かした学び，新しい算数研究，No.505, pp.111-113．
金本良通（2014a），数学的に考える活動における言語活動，新しい算数研究，No.518, pp.129-133．
金本良通（2014b），『数学的コミュニケーションを展開する授業構成原理』，教育出版．
金本良通（2014c），算数科ならではの見方・考え方で重視したいこと，新しい算数研究，No.523, p.1．
金本良通（2015a），算数的活動を生かした算数，新しい算数研究，No.529, pp.96-98．
金本良通（2015b），「図形」領域における数学的に考える活動，新しい算数研究，No.530, pp.183-187．
金本良通（2016），数学的な表現を用いて事象を簡潔・明瞭・的確に表現する力，教育科学 数学教育，No.706, pp.54-61．
金本良通・菊地昭男・細野純子（1992），算数・数学科カリキュラム編成原理の検討（1）－国民学校理数科における統合－，埼玉大学紀要教育学部（教育科学），第41巻第2号，pp.1-11．
教育課程審議会（1998），幼稚園，小学校，中学校，高等学校，盲学校，聾学校及び養護学校の教育課程の基準の改善について（答申）．
塩野直道（1947），『数学教育論』，啓林館（復刻版1970年）．
塩野直道・彌永昌吉（1943），中等数学教育に関する往復書簡，科学，第13巻第9号，pp.337-341．
中央教育審議会（2012），新たな未来を築くための大学教育の質的転換に向けて～生涯学び続け，主体的に考える力を育成する大学へ～（答申）．
中央教育審議会（2014），初等中等教育における教育課程の基準等の在り方について（諮問）．
中央教育審議会教育課程部会（2016），次期学習指導要領等に向けたこれまでの審議のまとめ．
中央教育審議会教育課程部会算数・数学WG（2016），算数・数学ワーキンググループにおけるこれまでの議論のとりまとめ（案）．
中央教育審議会教育課程部会小学校部会（2016），総則・評価特別部会，小学校部会，中学校部会，高等学校部会における議論の取りまとめ（案）．
中島健三（1974），数学教育の目標とカリキュラム構成のための原理，中島健三・大野清四郎（編著），『数学と思考』（pp.97-130），第一法規．
中島健三（1981），『算数・数学教育と数学的な考え方－その進展のための考察』，金子書房（同（2015），『復刻版　算数・数学教育と数学的な考え方－その進展のための考察』，東洋館出版社）．
日本数学教育学会（編）（2010），『数学教育学研究ハンドブック』，東洋館出版社．
日本数学教育学会教育課程委員会（2015），学習指導要領算数・数学科改訂に向けた教育課程論の展開，日本数学教育学会誌，第97巻第12号，pp.47-80．
細水保宏（2015），新第5学年算数授業「式と計算（おもしろい計算：「式と計算」の活用）」，日本数学教育学会研究部（編），『第2回算数授業研究会報告書「数学的な考え方を今，どのようにとらえたらよいか－数学的な考え方を育てる授業づくりのありかたを考える－」（pp.30-38），日本数学教育学会．
前田隆一（1979），『算数教育論－図形指導を中心として－』，金子書房．
前田隆一（1995），『小・中学校を一貫する初等図形教育への提言』，東洋館出版社．

提言2
アクティブ・ラーニングを支える教師の言葉かけと子供の聴き方

石田 淳一
横浜国立大学

1. はじめに

　主体的・協働的な学びを実現できる算数授業づくりが求められている。そのために，深い学び，対話的学び，主体的学びの3つの過程の実現が指標として重要である（田村，2016）。さて，対話的学びができるためには，授業の中で聴き方・話し方の指導をすることが大切である。算数の本質に迫るためにも，子供が仲間との対話を通じて，聴いて考えて伝え合うスキルを身に付けることは欠かせない。このスキルは自然に身に付くものではないから，普段の授業における教師の働きかけや言葉かけが重要な役割を果たしている。

　学び合いの授業からは，8つの教師の働きかけ・言葉かけ（繰り返す，ほめる，相談させる，促す，とめる，もどす，方向づける，揺さぶる）が特定されている。また，子供同士がつないで話し合うための5つの聴き方（友達の考えが正しいか考える，友達の考えを想像して共感する，よりよくできないか考える，既習やそれまでの友達の考えと関連付けられないか考える，新しい発見や自分の学びの深まりを考える）の指導が大切である（石田・神田，2014）。

2. 子供の発言をつなぐ教師の役割と子供の聴き方

　第3学年の円の授業第2時を取り上げる。前時に円の中心と半径についての学習を行い，本時は直径の意味，直径と半径の関係，直径が円の端から端までに引いた直線の中で一番長いことを学ぶ授業である。導入の復習場面の学び合いの授業の様子を見て，子供の考えをつ

なぐための教師の役割を述べる。

T　これは？（コンパスを見せる）
C　コンパス。
T　うまくかけるかな？（黒板に円をかく）
C　おー。
T　これは何ですか？ みんなで。
C　円。
T　円の中に何かあったね。
C１　半径。
C　もう一つあります。
T　もう一つありますね。
C２　中心だと思う。
T　<u>C２さんが発言したとき，目で応援した人。目で応援，心で応援することは大事です。</u>
T　中心はどこですか？ <u>黒板を使って説明できるといいよ。</u>
C２　（円の中心を指して）ここの真ん中です。
C　違う言い方があります。
T　なぜ？ ここってわかったの？
C３　中心というのは真ん中です。
T　コンパスでかいたとき，中心とは？
C３　コンパスでかいたときの中心は針の部分です。
T　中心見つかりましたね。C１さんは半径を言いました。
T　半径は何ですか？
　（挙手1/2）
T　<u>ノートは自分の百科事典です。</u>
　（10秒　間をとる）
C４　半径は中心からここまで（指しながら）。
C　違う言い方があります。
T　<u>聴いていた証拠。</u>
C５　中心からはじっこまでが半径です。
T　<u>C４さんはここからここまで，C５さんは何を付け足した？</u>

　　　　　中心から。
　C　　はじっこ。
　T　　いい言葉出たね。
　T　　（中心から曲線をかく）こういうこと？
　T　　どんどん付け足せるよ。
　C6　定規で中心からここまで定規で線を引けばいい。
　C　　付け足します。
　C　　直線。
　T　　直線と誰か言っています。
　C7　中心からここまではなくて，どこまでも自由に中心からはじっこまで直線を引けば，どこでも同じだと思う。

(1) 相談させて，つなぐことを促し学び合いを導く

　「半径は何ですか？」という問いかけに対して，挙手が少ないことから，相談させると，C4，C5，C6，C7と発言がつながっていることがわかる。この発言のつながりを導いているのは，教師が10秒，間をとって子供に相談を促したからである。教師が相談させて，一人ひとりが何かしら考えを持つことができる算数トークをさせることは，聴いて考えてつなげるための準備の言語活動を仕組んでいると見ることができる。

(2) 子供の発言を捉えて聴き方指導をする

　「C2さんが発言したとき，目で応援した人。目で応援，心で応援することは大事です」は，子供の発言場面を捉えて聴き方を指導している発言である。また，C4の発言の後に，「違う言い方があります」と反応した子供たちに対して「聴いていた証拠」と褒めている。これも聴いて考えたから他の言い方ができることを指導する言葉かけである。「詳しくできないかな？」と考えながら聴いたC5が「中心からはじっこまでが半径です」とつなげると，「C4さんはここからここまで，C5さんは何を付け足しましたか？　中心から」と問い返している。これは，C5が付け加えたことが全員聴き取れているかどうかを確認する問いで，聴き方指導になっている。C5の発言をクラス全

体で共有させるために，教師がＣ５の発言を捉えて，「はじっこまで，いい言葉出たね」と言うよりも，クラスに問い返して，Ｃ５の実感をこめた言葉に注目させるほうが効果的である。

(3) 問い返しで揺さぶり，つなぐことを促す

さらに教師が中心から曲線をはじっこまで描いてみせて，「こういうこと？」と揺さぶり，「どんどん付け足せるよ」と子供につなぐことを促していて，教師が直ちに説明していないところは重要である。

Ｃ５に付け加えたＣ６が定規で線を引くことを話し，それを聴いたクラスの何人かが「直線」と助言している。これは，よりよくできないかと考えながら聴いて，気付きを伝える姿である。教師がそれを「直線と誰かが言っていますよ」と拾って繰り返して言い，Ｃ７が「中心からここまでではなくて，どこまでも自由に中心からはじっこまで直線を引けば，どこでも同じだと思う」とこれまでの友達の発言を取り込みながら自分の言葉でうまく半径を説明している。Ｃ７はそれまでのＣ６，仲間のつぶやきを関連付けて，よりよい言い方へ高めている。このＣ７の聴き方は関連付けを考える聴き方，よりよくできないかを考える聴き方を反映している。

3．普段の授業の中で行う聴き方の指導

復習場面に続き，ここでは問題１「円を折って中心を見つける方法は何か？」の自力解決，ペアによる伝え合いの後の話し合い場面で，教師がどんなときに，どんな働きかけ・言葉かけをして，聴き方の指導をすればよいかを述べる。

(1) 子供の発言の直後に教師は一度，クラス全体に問い返す

Ｃ９　まず，半分に折りました。このままだと中心に線が入っていないので，わかりません。なので，また半分に折ります。開くと交わっているところが中心だとわかりました。

Ｃ　　同じです。

Ｔ　　Ｃ９と同じ方法でやったよ？

（ほとんど挙手）
　T　　まず，C9さん方式やるよ。
　　板書　半分に折る⇒半分に折る
　T　　中心はどこ？と言いましたか？　みんなで。
　C　　交わったところ。
　T　　交わったところと言いました。

　教師が「中心はどこ？と言いましたか？」と聞き返し，全員に「交わったところ」と言わせた後に，教師が「交わったところと言いました」と繰り返している。ここで大切な点は，Cの説明の後に，直ちに，教師が「中心は交わったところ」と言っていないところである。子供に一度，聞き返して，全員で大切な発言を言う機会を設けてから教師がその発言を繰り返すことがポイントである。

(2) 自分の考えと同じかどうかを考えさせて聴かせる
　T　　C9方式以外，どうぞ。
　C10　まず半分に折る。また半分に折る。また半分に折る。また半分に折る。折れるだけ折って開くと……。
　C　　半分がいろいろ出る。
　C10　ここに丸っこい穴ができてそこが中心とわかりました。
　T　　C10方式は。
　　板書　半分⇒半分⇒半分⇒半分⇒
　T　　いつも自分と出された考えと違いを見つけながら聴きましょう。
　C11　最初は同じで半分に折ります。C10方式はそのまま折っていたけど，開いて，もう1回たたんで半分にしました。折り目のついた真ん中が中心です。
　　板書　半分⇒ひらく⇒半分

　C10の発言の後で，友達の発言の聴き方を指導している。これはどこでもできる指導であるが，授業の早い段階で指導することがポイントである。ここでは，C9とC10の2人の考えが出された後に，C11

が考えを話し始める直前であるが，ここで聴き方指導することで，前の２人とＣ11が同じか違うかを考えながら聴くように促しているのである。

(3) ３人の考えが出された後に，他の考えを出させず，止めて，既に出された考えとの関連付けを考えさせる

Ｃ　　他にあります。
Ｔ　　<u>ちょっと待って。Ｃ11方式は誰と似ているの？</u>
Ｃ12　Ｃ９さんです。
Ｔ　　なぜなら？
Ｃ12　最初はＣ９さんとＣ11さんは同じです。でもＣ11さんはＣ９さんに１つ付け足しただけだから似ている。
Ｔ　　何を付け足したの？
Ｃ12　「ひらく」を付け足しました。

「他の考えがあります」に流されずに，「ちょっと待って」と教師が流れを止めて，「Ｃ11方式は誰と似ていますか？」と関連付けて考えるように促している。これもある意味，「関連付けて聴いて考える」という高度な聴き方を育てるために必要な指導である。Ｃ12は，Ｃ11がＣ９に「ひらく」を付け足していることを指摘しているが，これには板書が役立っているのである。

この場面では，複数の考えが発表されたときに，「似ている考えはどれかな？」という発問で仲間分けする活動になる。これを子供自身が自発的に気付いて行えるようにしたい。

(4) 複数の考えを効率性の観点で比べさせる

Ｔ　　Ｃ10さん方式は中心が見つかったね。<u>でも，算数では何が大切？</u>
Ｃ　　はかせどん。
Ｔ　　Ｃ10さんは，はかせどん？
Ｃ　　いいえ。
Ｃ13　はかせどんのＣ９さんは，半分に２回折るだけだけど，Ｃ10

さん方式は何回もたたんで折り目をつけるのに，ずっと折っていかないといけないから，折り目が少ない方が簡単です。

　効率性を問題にして，どれが「はかせどん」であるかを考えさせる場面である。「C10さん方式で中心が見つかりました。でも，算数では何が大切ですか？」と効率性の視点で比較することに気付かせている。これもよりよい考えはどれかを考えながら聴くことに指導になっている。「C10さんが、はかせどんかであるか」を問うと，C13は折り目の回数が少ない方がよいことを指摘している。

(5) 複数の考えの同じところはないかを考えさせる
　T 「C9のほうが簡単だよ」とC13さんは言っています。<u>共通しているのは？</u> こっち（C9）は？
　C 2回。
　T こっち（C11）は？
　C 2回。
　T 2回折っています。
　T 共通しているのは2回折って，交わっているところに中心が見つかりました。

　C9とC11は似ている考えであるが，さらに，C9とC11の共通点を考えさせている。簡単な方法はC9であるが，それでも同じ2回折る操作は共通しているからである。同じところはないかを考えながら聴くことの指導にもなっている。最後に，教師が「共通しているのは2回折って交わっているところに中心が見つかりました」とまとめている。

4．学び合いの指導に役立つ読み聞かせによる問題把握

　通常は問題文を黒板に提示して，教師が読ませてからわかること，求めることを問うことで問題把握をさせることが多い。しかし，読み聞かせによる問題把握の活動は，問題を聴いて理解する⇒聴いてわ

かったことを伝え合う⇒問いをつくる⇒問題の情報を整理するの順に展開するので，問題把握を能動的にする点で優れている。

T　　今日はどんな問題でしょうか。いつも比べることは大切です。
T　　今日の問題はこれです。（挿絵を貼る）

　　<u>今日もあとから聞くからしっかり（頭の中に）写してください。</u>
　「あめとガムを買いに行きました。あめは30円，ガムは40円，ラムネも欲しくなったので，買ったら，全部で90円になりました」
T　　どんな問題でしたか？覚えていること何でもいいよ。
C3　あめとガムを買いに行きました。
C　　付け足しがあります。
T　　<u>付け足しどんどんつなげて。</u>
C4　あめとガムを買いに行って，ラムネも欲しくなったのでラムネも買いました。
C5　あめとガムとラムネを合わせて90円になりました。
C6　あめとガムの値段はわかっても，ラムネの値段がわかりません。
C　　わかりました。
T　　<u>この子は，何を言いたかったのかな？</u>おたずねを言って。
　（挙手少ない）

T　　相談しましょう。(10秒)
T　　おたずねを言います。
C5　あめとガムの値段はわかるけど,ラムネの値段がわからないので,ラムネは……何円かわからないので,何円ですか。
C　　同じです。
T　　もう一度言います。聴いたら言えるよ。友達を大切にしてないよ。
C6　ラムネは何円ですか。
T　　みんなで。
C　　ラムネは何円ですか。
T　　みんなで作れました。
T　　まずは情報を整理したね。
　　　(あめ,ガム,ラムネ,全部の値段のカードを貼る)
T　　言って。
C　　あめ　30円,ガム　40円,ラムネ　□円,全部の値段90円。
T　　これがわかっている情報ですね。(線分図は)この情報が出てきた順に書くんですね。

(1) 子供のつなぐ力を育てる読み聞かせによる問題把握

　問題の挿絵のみを提示して,問題文を読んで聞かせるやり方は子供がイメージして問題を聴き,自分の言葉で問題場面を語ることができたり,問題条件の不足分を別の子供が付け加えたりしてつなぐことができたりするので,協働的な学びの一つが問題把握場面でできるよさがある。
　実際,4人の子供が付け加えて,つないで話している。これは前の子供の発言を聴いて考えた結果である。さらに問題文を自分の言葉で話していることも特徴である。最後の子供がラムネの値段がわからないと,話していない内容を話しているが,これは単なる聴いたお話ではなく,聴いて算数の問題自ら見いだしている能動的な姿である。

(2) 聴き方指導としての立ち止まりと算数相談

わからない数（ラムネの値段）について話したＣ６の発言を捉えて、教師は「この子は、何を言いたかったのかな。おたずねを言って」と立ち止まって、問いをみんなで考える機会にしている。この立ち止まりは教師の大切な働きかけの一つで、子供が本時の授業の中で思考すべきポイントの一つになるものである。挙手が少ないので、相談させて、Ｃ５に「ラムネの値段は何円ですか」と話させてから、別の子供にも繰り返すことを促して、クラス全員のものにしている一連の働きかけは大切である。

(3) 問題文の情報整理

読み聞かせてから子供が発言した中に含まれる情報を黒板上で整理している。これは文章題を書き出すのとは対照的で、情報が一目でわかるよさがあり、このような情報の取り出し方を教えていることにもなっている。

５．学び合いの質の向上のために

子供がつないで、よりよい表現をしたり、見方を高めたりする発言の連鎖には、子供の聴き方だけでなく、教師の適切な働きかけが欠かせない。教師の働きかけ・言葉かけと子供の聴き方・話し方が相互に作用し合って高め合いが生まれているのである。したがって、主体的・協働的な学びを実現には、聴き合える子供を育てることとつながる話し合いを導く教師の働きかけが重要である。

【引用・参考文献】
田村学（2016），「授業改善に向けたアクティブ・ラーニングの必要性」『授業力＆学級経営力』、１月号，p.7.
石田淳一・神田恵子（2014），『聴く・考える・つなぐ力を育てる！「学び合い」の質を高める算数授業』，明治図書.

第2部
育成すべき資質・能力をはぐくむ授業改善

第1章
知識・技能をはぐくむアクティブ・ラーニング

第1章 第1節
知識・技能をはぐくむアクティブ・ラーニング

池田 敏和
横浜国立大学

1. はじめに

　ただ知っていても，それを活用できなければ，宝の持ち腐れである。算数科においても，知識・技能は活用できてこそ意味を持つ。そして，このような知識・技能は，教師からの伝達だけで身に付くものではない。児童による主体的・協働的な学習の中でこそ，獲得されるものである。本章のテーマである「知識・技能をはぐくむアクティブ・ラーニング」では，まさに，活用できる知識・技能をいかに児童の主体的・協働的な学習を通して獲得していくかが論点である。

　活用とは何かを述べた上で，活用できる知識・技能を獲得するには，どのような学習指導を行っていく必要があるのかについて述べていくことにする。

2. 活用とは

　活用する力とは，ある未知の問題場面に自分の知っている何かを工夫して適用できる力である。そして，適用するものとしては，これまでの生活経験や学習を通して獲得した知識・技能がそれに当たる。ここでいう知識・技能とは，どのように考えればうまく問題が解決できるのかといった方法知も含めて考えることにする。そして，活用力とは，未知の問題場面に，いかに既習の知識・技能を用いていけばよいのか，その思考過程に焦点が当てられる。本稿では，未知の問題を見いだし解決していく一連の思考過程を探究的活動として捉え，活用は，その中の一部分として位置付けることにする。

この思考過程は、大きく2つに分けることができる。一つは「問いを見いだす」活動で、「いったい何が問題なのだろう」「それは、本当なの？」といった問いかける力が要求される。アクティブ・ラーニングで強調されているように、問いがあるからこそ、次の活動が始まるわけである。素朴な疑問、問いが出せた子を全体で価値付けし、その大切さを強調しながら、その疑問、問いを解決していく活動を取り扱っていきたいものである。

　もう一つは「問いを解決する」活動であり、これを遂行できる力が活用する力である。ここでは、問題をじっくりと眺め分析するとともに、この問題は、これまで学習した何が使えそうかを考えていくことになる。問題を絵、図、記号等で表現することで、何が問題なのかを明確にするとともに、問題を解決するには何が必要かを探っていくという両方向の考え方が要求される。そして両者がつながったとき、解決の見通しが立てられることになる。図で表すと次のようになる。

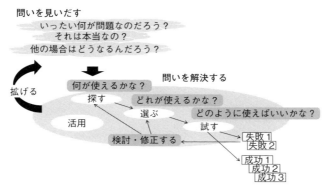

図1．探究的活動

　図1にあるように、活用して考える過程を、「探す」「選ぶ」「試す」の3つの行為に分けて考えてみる。「探す」とは、問題を解決する上で役に立ちそうな既習の内容をいろいろと探す行為で、「選ぶ」とは、問題の解決に関係しそうな既習内容から、役に立ちそうな既習内容を選ぶ行為である。そして、「試す」とは、役に立ちそうな既習を、当面の問題に活かしていく行為である。さらに、この3つの行為は、1

回たどれば終わりというものではなく,「試す」ことでうまくいかなかったら,その原因を振り返り,もう一度「探す」「選ぶ」ことへと戻っていくことになる。

　ここで,活用できる知識・技能という視点から,「探す」行為に焦点を当ててみよう。そこでは,問題解決に活用できそうな既習の知識・技能が探し求められることになる。引き出しの中に,しっかりと既習の知識・技能が使える形でしまわれている必要がある。そして,さらには,どの引き出しを開ければよいかが選択できるように,知識・技能を整理しておく必要があるわけである。

3．活用できる知識・技能を獲得するために

　活用においては,問題を多方向から分析していくとともに,これまで学習したことの何が使えるのかを「探す」「選ぶ」「試す」ことが要求される。活用できる知識・技能を獲得するためには,知識・技能を「ある」「ない」といった2元論で考えるのではなく,繰り返し用いることによって,徐々に広がり深まっていくものとして捉えていく必要がある。習熟のあり方について述べた上で,知識・技能が徐々に広がり深まっていく指導のあり方について言及する。

(1) 習熟とは：反復と反覆
　一度学習しただけで,それをずっと保持するのは至難のわざである。習熟するために,それを繰り返し学習していく,すなわち,反復することが重要となる。ただし,反復というと,学習したことを繰り返し練習し,条件反射的に考えなくてもできるようにすることのように受け止められやすい。しかし,条件反射的に解決することは,逆に弊害をもたらすこともある。例えば,計算の工夫ができるのに,何の躊躇もなく筆算で計算したりすることがある。17×25×4という計算を考える際に,17×25を筆算で求めようとするわけである。「工夫できないかな」という問いかけがなされていないわけである。

　和田義信氏（1997）は,「反復」ではなく,「反覆」という言葉の方がよいことを示唆している。というのは,「覆」という字には,「おお

う」という意味があり、「反覆」では、ただ既習が繰り返されるだけでなく、既習のことをカバーしつつそれ以上のものが含まれるからである。すなわち、「反覆」では、既習を繰り返し学習する中で、そこに、プラスαが伴う学習を考えていくことを意味する。

(2) 進みながら戻る：新しい内容を学習する際に必要となる既習内容を引き出し、新しい内容を獲得するために既習の内容を繰り返し指導する

　これまで学習したことを復習した上で、新しい学習に入るのではなく、新しい内容を学習する上で既習の内容が必要になり、それを引き出して復習する。このように、前に進みながら戻る指導をすることによって、児童たちは、これまで学習した内容を単に復習するだけではなく、新しい内容を学習する上で、既習の内容がどのように活かされているのかを学習することができる。既習を単に繰り返すだけでなく、既習が新しい問題を解決する上でどのように活用できるかまで考えることができるわけである。

　例えば、三角形の面積の求め方を取り上げると、三角形の面積をどのように求めればよいかわからないとき、「面積を求めるとき、この前はどうやったかな？」と自分で問えることが重要である。例えば、この前は平行四辺形を切って長方形に変形したことが想起される。それでは、なぜ平行四辺形を長方形に変形したのか。これが進みながら戻るということである。なぜかというと、平行四辺形の面積の求め方はわからないけれど、長方形であったら求められるからである。だから、三角形も長方形に変形できないかなということになるわけである。新しい問題に遭遇したとき、前に戻っていくとそこにヒントが隠されていて、それを活用していくことになる。進みながら戻るといった考えは、方法知として繰り返し指導していく必要がある。

　また、もう一つ大切なことは、「基礎・基本」を明確にするということである。進みながら戻っていくと、また長方形が出てくるわけである。当初は、長方形の面積を考えたとき、「縦×横」以上のものではなかったのであるが、平行四辺形でも三角形でも長方形が出てくる。長方形の面積の求め方が基になって平行四辺形、三角形の面積が求められるようになったということがわかるのである。このように、

進みながら戻ることで，子供の中にも基礎・基本は何なのかが見える指導をしていく必要がある。

　ここで重要な点は，どこまで戻るかである。これは，児童の実態による。児童がどこまでわかっているのかを確認する上でも，繰り返し学習を意図して，新しい内容の学習を試みていく必要がある。

(3) たたき台を検討・修正する場面を取り上げ，検討・修正の仕方を方法知として会得するとともに，既習の理解を深める

　わからない問題でもあきらめずに試行錯誤できる子を育てるには，うまくいかなかったときに，何回でも検討・修正し，そして正解へと至る経験が必要である。そのような経験を何回かすれば，たとえわからなくても，試行錯誤を繰り返せば，うまくいくかもしれないと思えるからである。また，なぜ間違ったのかを理解することで，正しいことと間違いとの境界がはっきりとして，理解が深まることにもなる。

　このように考えたとき，子供たちが直観的に類推した考えは，常にうまくいくとは限らないということ，すなわち，それはあくまで「たたき台」であり，何をどのように類推したかを明確化するとともに，その類推でよいかどうかを振り返ることが肝要である。そして，うまくいかなかった場合は，「何がおかしかったのか」という問いを引き出し，修正していくことを，方法知としての知識・技能として獲得する必要がある。よりよい考えとは，このような振り返りを伴う試行錯誤によってはじめて得られることを理解しておく必要がある。

　さらに，より深い理解を得るためには，例えば，「間違いリサイクル」といったテーマで取り組む授業を1単元に1回くらいのペースで取り扱っていくことが奨励される。授業や宿題の中で，児童の間違った考えをためていき，「どこが間違っているか，なぜ間違ったのか」ということをテーマに授業を行うのである。例えば，図2の2つの間違いは，どうであろう。どこが間違っているかわかるだろうか。①はよくある間違いであるのに対し，②は特異な間違いである。

　児童から，「それはよくやるよ」等の言葉が出てきたら，しめたものである。「よくある間違いは，ためになるね。みんなもためになる間違いを探してみよう。自分の中からでも，友達の中からでも，自分

で考えてもいいよ」といった投げかけをすることを通して，児童の中で間違いが肯定的なイメージに変わることが期待できる。「間違いは恥ずかしい」といった価値観から，「間違いはためになること」といった価値観へと変容させることができれば，授業の中で活発な意見交換が期待できるとともに，児童の知識・技能の理解も深まることになる。これは，学び方の学習にもつながってくるものである。

```
①     7.4        ②     7.5
     × 3.9            × 0.5
     ─────            ─────
       66 6            4.5 5
      222
     ─────
     288.6
```

図2．間違いリサイクルの題材

(4) 新しい内容を学習した後に，同じような知識・技能を振り返ったり，他の領域の内容に関連付けたりすることで，知識・技能を統合的にまとめていく

　繰り返し学習の考えを一歩進めて，これまで学習してきた内容の全体を見渡す活動を柔軟に取り入れていくことが期待される。問題を解決するためにどの知識・技能が活用できるかを探すことに終始するのではなく，これまで学習してきた内容を関連付け，整理する活動である。言い換えれば，児童が自分の中に作られつつある算数を再認識・再構成し，今後学習すべき空白部分を見いだす学習である。全体を見渡して部分を学習し，部分を学習して全体を調整するといった学習活動に焦点を当てることになる。

　ここでは，数の具体的な場面での意味とその加減乗除に焦点を当てて述べる。小学校での整数の加減乗除，小数・分数の加減乗除については，一貫した指導が必要である。具体的な場面を想起しながら，加減乗除の意味を整理する学習活動を，小学校の高学年で意図的に指導していきたいところである。加減と乗除に分けて述べていく。

① 加減の具体的な場面での意味を整理する

具体的な場面における数の意味を考えたとき，集合数（量）と順序数（位置と移動）の両方の意味に加えて，量と量との間に生まれる割合という意味があったことを振り返る。そして，前者の数の意味解釈においては，加減が考えられるのに対し，後者の意味解釈（割合）においては，加減が考えられないことを振り返る。打率を分数で表したとき，その加減は，既習の量分数の加減で考えることはできない。小学校の算数では，量を中心に数を捉えてきたが，順序や位置，また，割合を意味する場合もあることを振り返ることになる。

また，加減においては，集合数（量）と順序数（位置と移動）では，具体的な場面における意味が異なることを振り返り，量の加減に統合して考えてきたことを振り返る。例えば，小1での下記のような問題では，順序数を集合数に置き換え，集合数の加減として統合していたことを振り返るわけである。

「山のぼりをしています。あやさんは前から6番目です。あやさんのうしろには3人います。みんなで何人いるでしょうか」

しかし，集合数の加減では，「0」の意味を「何もない」と考えていることから負の数は生まれてこない。中学校では，再び順序数（位置と移動）を具体にして「0」の意味を基準としての位置として捉え直すことになる。「なぜ数直線の移動で正負の数の加減を考えるのか」が理解できるようにするための小中接続を意図した学習である。

② 乗除の具体的な場面での意味を整理する

小学校算数科では，具体的な場面での意味を広げていく中で，かけ算の具体的な場面における意味が拡張されていく。そこで，乗除の具体的な場面での意味には，どのようなものがあったかを振り返り，どのような場合に小数，分数の乗除が考えられたり，考えられなかったりするのかを整理していく（池田，2012）。次のような4つの立場を振り返ることができる。

(a) 同数累加

かけ算は，たし算によって表現できる。「みかんが1皿に4個ずつ，5皿分あります。みかんは全部で何個あるでしょう」といった問題

で，何回たすかが乗数で表現されている点が特徴である。ここでは，小数，分数の乗除は考えられない点を押さえる。

(b) （量）×（割合）その1

1量における1つ分の何倍という見方である。「白のテープは赤のテープの2.4倍です。赤のテープが5mのとき，白のテープは何mでしょう」といった問題で，立式すると5×2.4になる。長さという一量だけが取り扱われており，比例関係を前提にする必要はない。

(c) （量）×（割合）その2

2量の間の比例を前提とした1つ分の何倍（割合）という見方である。リボンの問題「リボンの値段は，1m当たり80円です。2.4mでは，何円になるか求めましょう」にあるように，リボンの長さと値段の比例関係を前提にしていたことを押さえる。リボンが1mから2.4mになるには2.4倍する必要があるので，値段も80円の2.4倍になり，80×2.4という式になる。80を1としたときの2.4倍（割合）を意味している。乗数は量と量との間に生まれる目に見えない数（割合）である。

(d) （割合）×（割合）

「赤のテープを1.5倍すると白のテープになり，白のテープを2.4倍すると青のテープになる。青のテープは赤のテープの何倍でしょう」といった問題を取り扱うことになる。これを式で書くと1.5×2.4になり，被乗数，乗数がともに割合となる。1つ分が省略された形でかけ算が使われる場合もあることを知る。

そして，かけ算を2項の積でとどめず，3項，4項の積まで広げていくことを考えると，最終的には，乗数を割合にまで拡張しておく必要がある。数学的な立場から捉えると，(b)，(c)は一次元ベクトル空間におけるスカラー倍の考えに関連付けられ，(d)は2項演算の考えに関連付けられる。しかし，(a)の考えは数学の世界では意味をもたない。

(5) 仮定を設定する。事象を数理的に処理する際の方法知として、仮定を設定することで答えが1つに定まることを理解する

最後に、事象を数理的に処理する際の知識・技能について言及しておく。数学教育では、数学的処理の方法だけを学ぶだけではなく、現実世界の問題が、何のために、どのような仮定を設定して数学の舞台に載せられたのか、また、数学的に処理された結果が、現実世界で何を意味し、それが妥当なものかどうかといった解釈・検討に焦点を当てた指導が肝要となる。そして、このような行為をよりよく行っていくためには、問題を解決した後の振り返りを通して、事象を数理的に処理していく際に、どのような点に留意して行う必要があるのかを方法知として獲得しておく必要がある。

振り返りを通して最初に明確にしたいことは、どのような過程を経て、現実世界の問題を解決したかである。算数の問題を解決する過程と、現実世界の問題を解決する過程では、どのような点が異なるのかについて、児童に考えさせてみるとよい。そして、その典型的な相違点が、下記の2点になる。

① 現実世界の問題を算数の問題に翻訳する行為の有無
② 算数での結論を現実世界に照らし合わせて解釈・検討・修正する行為の有無

この2点については、現実世界の問題を解決する際の知識として、児童に明示的に指導する必要がある。いくつかの考えがあるが、特に、仮定を設定して考えることを方法知として指導していくことが肝要であると考える。ある問題に直面したとき、ある命題を、それが真であるか偽であるかは先送りにし、真であることを前提にして、問題解決を先に進めていこうとする考え方である。

例えば、次の問題を考えてみよう（池田, 2007）。

「ケーキが5個あります。おじいちゃんとおばあちゃん、おとうさんとおかあさん、妹と私の6人で分けます。1人どのくらい食べられるでしょう」

この問題は仮定が曖昧な文章題なので、「現実場面をイメージしていろいろな分け方を考えてみよう」と発問すると、いろいろな答えが子供から出てくる。例えば、次のような6通りの答えが出たとしよう。

(1) 1人：$\frac{5}{6}$ (2) 妹と私：$\frac{3}{2}$　残り4人：$\frac{1}{2}$

(3) おとうさん：$\frac{3}{2}$　妹と私：1　残り3人：$\frac{1}{2}$

(4) 妹と私：$\frac{1}{2}$　残り4人：1　(5) 1個ケーキを買ってきて1人1個

(6) 2個は近所に分けて1人$\frac{1}{2}$

　分け方にはいろいろあることを確認した上で，例えば，(1) だけが答えになるようにするには，どのような仮定を設定すればよいかを発問していくとよいだろう。「各々のケーキは同じ大きさ」「ケーキの大きさは一人ひとりに等しく分けられる」「5個のケーキすべてを6人で分ける」といった仮定が引き出される。それでは，(2)(3)(4) も含めて答えになるようにするには，どうすればよいだろうか。このような仮定を設定する活動を通して，仮定を設定しないと答えは多様になること，言い換えれば，仮定を設定することで答えが1つに定まることを理解することができる。「この問題の仮定は何だろう」「この問題を解くために，何か設定すべき仮定はないだろうか」といった問いが方法知として獲得されることが期待される。

4．おわりに

　本節では，活用できる知識・技能をいかに児童の主体的・協働的な学習を通して獲得していくかを論点にした。方法知を含めた知識・技能を活用できる形にするためには，知識・技能は漸次広がり深まるものとして捉え，繰り返し指導していくことが肝要である。

【引用・参考文献】
池田敏和（2007），「数学的モデリングと算数教育」『日本数学教育学会誌』，第89巻第4号，pp.2-10.
池田敏和（2012），「小数のかけ算の意味をいかに拡げるか」『算数授業論究』，算数授業研究 vol.80，筑波大学附属小学校算数研究部編，東洋館出版社，pp.44-47.
和田義信（1997），『著作・講演集7 講演集（5）学習指導と評価』，東洋館出版社，pp.141-143.

第1章 第2節
メタ認知の働きによって知識・技能を再構成する学習

佐藤　学
秋田大学

1．はじめに

　学力低下論争で喧噪があった頃，その対策の一つとしてマス目を使用した計算練習がよく行われた。当時は教師のみならず，保護者も賛同して家庭でも取り組まれ，時代を席巻した指導であった。期待される効果の一つが，基礎的な計算技能の習熟であったと思う。この計算練習に取り組むと，一時的に計算技能は向上する。しかし，この技能は，計算練習の持続によって保持できるものである。この例だけでなく，筆算の繰り上がりや繰り下がりでの誤り，小数の筆算処理における小数点移動の誤り，……と，これらには類似する問題がある。
　問題の1点目は，知識・技能の捉え方である。本稿では，知識・技能の捉え方について，概念的知識と手続き的知識から論じる。
　先例に示したような子供の誤りは，認知的原因とメタ認知的原因が考えられ，後者の原因が学習の不振につながっている場合が多いとされている。この改善にはメタ認知の働きが重要であり，深い学びへとアプローチする上でも重視したい視点と考える。そこで，問題の2点目として，具体的な事例を基にメタ認知的支援について論じ，知識・技能をはぐくむアクティブ・ラーニングを「主体的な知識・技能の再構成と活用」とした上でその学習観と指導観について提案したい。

2．知識・技能の捉え方

　平成19年に改正された学校教育法を踏まえ3要素に整理された学力

は，今度の改訂において，教育課程全体や各教科等の学びを通じて「何ができるようになるのか」という観点から，育成すべき資質・能力を，「何を知っているか，何ができるか（個別の知識・技能）」「知っていること・できることをどう使うか（思考力・判断力・表現力等）」「どのように社会・世界と関わり，よりよい人生を送るか（学びに向かう力，人間性等）」の三つの柱に整理された。

「個別の知識・技能」については，「各教科等に関する個別の知識や技能などであり，身体的技能や芸術表現のための技能等も含む。基礎的・基本的な知識・技能を着実に獲得しながら，<u>既存の知識・技能と関連付けたり組み合わせたりしていくこと</u>により，知識・技能の定着を図るとともに，社会の様々な場面で活用できる知識・技能として体系化しながら身に付けていくことが重要である」（下線は引用者による。教育課程企画特別部会，2015）となっている。下線の部分はこれまでの知識・技能に対する学習観や指導観を反省する意味で重要な視点である。

＜既存の知識・技能と関連付けたり組み合わせたりしていくこと＞

知識・技能について論じるとき，概念的知識と手続き的知識という視点がある。それぞれの定義は様々にあるが，本稿では，礒田（1999）を参考に，概念的知識を意味，手続き的知識を形式的な知識・技能とする捉え方で論じていく。

概念的知識と手続き的知識の関係で懸念するのは，「宣言的知識[註1]から切り離された手続き知識体系だけが効率的に抽出されて記憶されていく」（佐伯，1997）とあるように，手続き的知識のみが意識され，その強化に終始することである。これは概念的知識が不要ということではなく，手続き的知識が目に見えやすい知識であるということに起因する。それは，児童にとっては意識しやすい知識ということであり，教師にとっても指導しやすい，評価しやすい知識ということでもある。

しかし，手続き的知識のみでは理解が不成立であり，習熟も不完全となる。第２学年「２位数の加法」を例にする。この学習の成果には，筆算形式の計算処理が挙げられる。筆算の計算処理は，まさに手

続き的知識であり，スムーズに処理できるよう指導を行う。教科書で配当されている指導時数は10時間前後だが，実際はその時数では不足するとして長期にわたって練習の機会を設け，習熟の徹底を図っている。しかし，人間とは不完全なもので，熟達したはずの計算処理でも，しばらく時間を空けてしまうと誤りが生じてしまう。

　例えば，図1のような位取りの誤りがある。この場合は，一の位の計算「6＋4」をした結果の10を，十の位から記している。そして，十の位の計算「2＋5」の結果を既に記した10の左に記してしまっている。**位取りの誤りであるが，数の大きさを意識していないことを指摘できる。**

```
   26
 + 54
  710
```
図1．筆算処理の誤りの例

　このような誤りの指導として，「位取りを正しくする」と繰り返し練習を行う場合がある。これは手続き的知識の強化でしかない。「なぜ，位取りを正しくしなければならないか」を考えるためには，処理している数の大きさにも目を向けなくてはならない。図1の筆算における百の位の計算は「2＋5」ではなく，繰り上がりした10も加えた「10＋20＋50」の計算をしているのである。このように数の大きさも考えて獲得された知識が概念的知識である。

　さらに，概念的知識について論じていく上でHiebert & Lefevre (1986) の言葉に着目したい。

　　概念的知識は，関係に富んでいる知識であり，概念的知識は知識が結び付いた蜘蛛の巣状のものと考えることができる。

Hiebert & Lefevreの言葉から，「頭の位を揃える」という誤りも生じるであろう。この誤りを正すにも，「数の大きさ」という知識が必要である。つまり，「位を揃える」という知識と「数の大きさ」という知識の結びつきが重要なのである。これまでの問題解決において働いた個々の知識・技能も，新たな問題場面では活用できない場合がある。そうした場合でも，既存の知識・技能を関連付けたり，組み合わせたりすることによって新たな知識・技能へと再構成することによっ

て，より高度な問題解決を可能にすることができる。
　概念的知識の形成には，知識・技能のネットワーク化を図るという視点もある。「数の大きさ」という知識は，数の範囲を広げる文脈の中にあり，計算とは別の文脈にある。したがって，別々に存在する知識と知識を意図的に関連付けたり組み合わせたりする必要がある。それは，数と計算のように密接な関係にあるものだけでなく，異なる領域の知識・技能との関連付けや組み合わせを行うことである。そのことにより，既存の知識・技能を根拠に，新たな意味や価値，文脈に再構成された知識・技能が生まれる。そして，知識・技能のネットワークは，より細密に結びつき，より広がりをもって構成され，より問題解決に生きる知識・技能となりうる。

3．深い学びの実現とメタ認知の形成
　　ー「内なる教師」をはぐくむー

　先例に示したような子供の誤りには，認知的原因とメタ認知的原因が考えられ，後者の原因が学習の不振につながっている場合が多い。この点に関わって，重松（1990）は次のように述べている。

　　多くの問題解決の研究では，ともすれば解決に直接影響するような知識や技能のみが注目され，それを調整するような知的な作用についてはあまり注目されてこなかった。この問題解決研究への反省が，メタ認知研究を促したといえよう。

　概念的知識の形成を図るということは，既存の知識・技能の関連付けや組み合わせにより新たな知識・技能へと再構成を図ったり，実社会・実生活において活用しその意味や価値を解釈したりするという「深い学び」を目指すものである。しかし，「深い学び」は教師主導による学習活動によって成し得るものではない。子供が主体となる学習の展開によって「深い学び」へとアプローチするものである。そこで，本稿では，教師がメタ認知的支援を行い，児童に「内なる教師」（メタ認知の擬人的表現）をはぐくむことを提案したい。

メタ認知とは，うまく知識や技能が活用されているかなどその認知作用を調整する作用のことである。重松（1987）は，メタ認知をメタ知識（メタ認知的知識）とメタ技能（メタ認知的技能）の２つから定義している。メタ知識とは認知作用の状態を判断するために蓄えられた課題，自己，方略についての知識[註2]をいい，メタ技能とはメタ知識に照らして認知作用を直接的に調整するモニター，自己評価，コントロールの技能[註3]をいう（図２参照）。

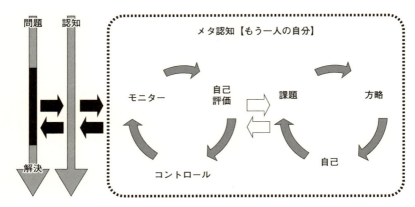

図２．メタ認知の関連図
（奈良教育大学，2011）

　先の筆算処理を例にして，メタ認知について説明しよう。正しい処理の仕方を理解すること，また誤った個人的知識を修正することのいずれも，既存の知識・技能の関連付けや組み合わせが重要となる。そこでは，新たな計算式を見て「前の学習と同じか【課題】」，位を揃えるところで「わけが説明できるか【方略】」といった問題解決行動をモニターし，自己評価し，コントロールするメタ認知の働きが必要となる。「内なる教師」は，こうしたメタ認知の形成過程を強調した擬人的な表現であり，これを獲得できるように支援していくことが大切である。

　授業では，教師の言語行動—説明，発問，指示，評価—を通して「内なる教師」が形成されると考えられる。例えば，「その方法はい

つでも使えますか」という発問は，方略のメタ知識として児童生徒に蓄えられるであろう。（重松，1990）

　個別の資質・能力をはぐくむための具体的な改善の方策の一つとして，アクティブ・ラーニングが注目されている。アクティブという言葉の第一義に「活動的な，活発な（小稲義男・他，1967）」となっているため，ダイナミックな活動を想定しやすい。アクティブ・ラーニングのねらうところは，児童が「深い学び」へと向かうことであり，論点整理の「指導法を一定の型にはめ，教育の質の改善のための取組が，狭い意味での授業の方法や技術の改善に終始するのではないかといった懸念」の指摘は重要である。重松の「いわゆるベテラン教師の授業中の言語行動には，適切な文脈のもとで，メタ知識に関するものが多くみられる」（前記，1990）の指摘にあるように，子供自ら知識・技能の関連付けや組み合わせを行っていくことができるよう，メタ認知的支援を，どのような場面で，どのような児童の実態を捉え，どのように支援を行うとよいか，教師が考えて行わなければならない。

4．実践事例と考察

　本節では，適切なメタ認知的支援による知識・技能の再構成について，第6学年「反比例のグラフ」の実践事例から検討する。
　本稿で取り上げる「反比例のグラフ」の実践は，2013年7月に実施されたものである。授業者は，椎名美穂子教育専門監（現秋田県総合教育センター指導主事）である。本時の授業に向けて，比例については意味，性質，事象の判断，式，グラフによる表現を，反比例については意味，性質，事象の判断，式について学習を終えてきている。
　本時は，これらの学習を踏まえて，反比例のグラフによる表現と考察が主な内容である。
　適切なメタ認知的支援による知識・技能の再構成について検討するため，「グラフの形状を予想する」の場面と「点と点の結び方を考える」場面における授業者の言語行動に注目する。

＜グラフの形状を予想する＞

前時までに，反比例の意味とその性質，事象の判断，式による考察を終えてきたことから，本時の学習課題は「反比例のグラフを考えよう」に設定された。そして，授業者は，まず**反比例のグラフを予想すること（方略）**を促した。児童は，ノートにイメージしたグラフをフリーハンドでかいた。児童からは図３に示す３点が示された。

アは，反比例のグラフも比例のグラフと同じように表されると考えている。反比例のグラフは未習であり，比例のグラフという既存の知識をあてがったものと考えられる。３名の児童がこの考えであった。

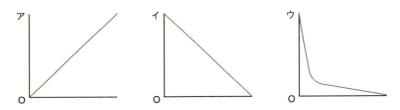

図３．児童が予想した反比例のグラフ

イは，反比例の意味とその性質から考えている。児童の多くがこの考えであった。授業者がイを発表した児童Ａに，**この予想の理由を求めた【方略】**ところ，「比例と違うから」という発話にとどまった。そこで，授業者は「**どのように違うか【課題】**」と児童全体に尋ねた。すると，児童Ｂが「比例ではxの値が２倍，３倍になると，yの値も２倍，３倍になるけど，反比例ではxの値が２倍，３倍になると，yの値は$\frac{1}{2}$，$\frac{1}{3}$になるから逆になると思う」と説明した。

ウは，反比例のグラフの先行知識を基に表していると考える。ここでも，授業者がウを発表した児童Ｃに**この予想の理由を求めている【方略】**。児童Ｃは「反比例ではxが増えるとyが減って，yが減るとxが増える」と説明した。５名の児童がこの考えであった。

３つの予想について共有した後，授業者は「**（ア～ウのグラフのいずれが）本当かどうか，具体的な問題から調べよう【方略】**」と働きかけており，本時の学習課題「反比例のグラフを考えよう」へと児童の意識を高めている。

第1章　知識・技能をはぐくむアクティブ・ラーニング　第2節

　グラフの形状を予想する場面における授業者の言語行動について，メタ認知的支援と捉えられるものと，その支援によって児童の内面に機能していると期待できるものを図4に整理した。

　児童は，比例のグラフによる表現による学習を経験していることから，反比例についてもグラフがあり，それぞれにイメージする形状をもっていたことが読み取れる。それを顕在化させることを意図して，授業者の発した「反比例のグラフを予想しよう」により，学習への取りかかりに当たっては「過去の学習経験や既存の知識・技能等を基にして学習を進める」という課題や方略に関するメタ知識の作用が働いていると考えることができる。それは，知識・技能の再構成においても，目前の問題場面から意識できる知識・技能だけでなく，既存のあらゆる知識・技能へ広く目を向けるという点からも，効果的な働きかけになる。

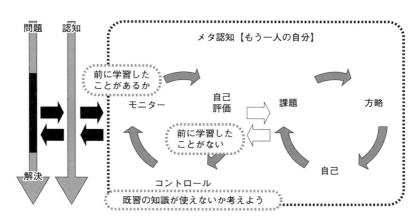

図4．グラフの形状を予想する場面における認知とメタ認知の関連
（奈良教育大学，2011に加筆）

＜点と点の結び方を考える＞

　児童は，反比例の関係を表す式 $y=12\div x$ から x と y の対応する値を表1のように簡単な数値を選びながら調

表1

x (cm)	1	2	3	4	6	12
y (cm)	12	6	4	3	2	1

べた。そしてxとyの対応する値の組を表す6つの点について，全体で確認しながら方眼紙に点を取っていった。そして，授業者は「この後は，どのようにしますか」と児童に問うたところ，定規を使って直線を結ぶ考えが示された。これまで学習してきた折れ線グラフと比例のグラフでは，定規を使って点と点を直線で結んできたため，多くの児童がこの考えであった。

そこで，授業者は児童の考えたとおり「いったん，点と点を直線で結んでみよう」と発話し，（1，12）と（2，6）の2点に絞って点と点の結び方を調べることにした（図5参照）。授業者は「この2つの点が本当に直線で結んでよいか，どのように調べたらよいでしょうか」と発話した。すると，児童から「2と1の間を調べたらよい」と，比例で学習した点と点の間を調べるという反応があり，（1.5，8）の点をグラフに取ることになった（図6参照）。実際に，（1.5，8）の点をグラフに取ってみると，（1，12）と（2，6）の2点を結んだ直線から少し外れる位置に（1.5，8）の点があることを捉えた。児童は，（1.5，8）のように新たに調べた対応する値の点もグラフに取って考察し，「（点と点を）直線では結んではいけない」という実感的な言葉で捉えることができた。この言葉は，曲線という形状やそれを補う「滑らかな曲線」という手続き的知識とは異なる。比例の学習で獲得した「グラフは点の集合」という知識との関連付けや，「反比例の対応関係」という知識との組み合わせによって，概念的知識が形成されたと解釈できる言葉である。

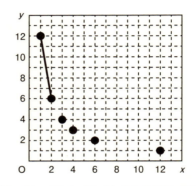

図5．（1，12）と（2，6）の2点を結んだ状況

ここまでの流れを，認知的支援とメタ認知的支援の両面から考察してみよう。

授業者は「いったん，点と点を直線で結んでみよう」と発話している。これは，点と点を直線で結ぶことの認知的支援を行っているよう

に映るが,「いったん」の言葉は点と点を直線で結ぶことは確定的なものでなく,直線でよいものかを確かめる意図があったと考えられ,暗示的に「**直線で結ぶことが正しいかどうか調べよう【方略】**」というメタ知識にあたる発話ともいえる。

その後,授業者は,(1,12)と(2,6)の2点を直線で結んだ後で「**この2つの点が本当に直線で結んでよいか,どのように調べたらよいでしょうか**」とメタ

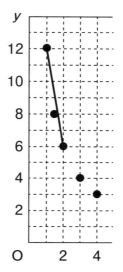

図6．(1.5，8)の点をグラフに取ったときの状況

知識にあたる発話をしている。先ほどの発話と相重なって,メタ知識が強化されたと考えられる。

このように肯定的なメタ認知を働かせるためには,事例に見られたように学習の途中や学習の後での振り返りの機会を大切にしたい。振り返りを学習の途中で行うことは,既存の知識との関連付けや組み合わせに適した支援となる。児童の情動にも配慮することができる。学習の後では,既存の知識・技能との比較から学習の成果が明確になり,達成感を伴ってメタ認知の働きを捉えることができる。また,振り返りは,知識・技能を価値付けたり,活用の方向性を見いだしたりできる。獲得過程の労苦から,必要な知識・技能を身に付けることの大切さを意識化,規範化することも可能である。

5．学習観と指導観の転換－自ら知識・技能を構成する－

本稿では,知識・技能を概念的知識と手続き的知識から捉え,既存の知識・技能を関連付けたり,組み合わせたりすることによって新たな知識・技能へと再構成し,より高度な問題解決を可能にする概念的

知識の形成が必要であることを論じてきた。また，概念的知識の形成に当たっては，子供自ら知識・技能の関連付けや組み合わせを行っていく「深い学び」となるよう，メタ認知的支援を行い，子供に「内なる教師」をはぐくむことを，具体的な事例から考察してきた。

事例については，その理解に至る考察において，$y=12÷x$の式を小数値を代入して求めること，グラフの線上の点はすべて意味があること，等の高度な内容が含まれており，中学校数学での学習がふさわしいと考える向きもあろう。しかし，適切な認知的支援と適切なメタ認知的支援がなされると，小学校算数で学習する可能性が見えてくる。何よりも，事例の児童は高度だとされる考察を当然のこととして取り組んでいた。授業者の「本当に直線で結んでよいか」という言葉は，比例のグラフの場面でも見られた言葉と考える。そうでなければ，点と点の間を考える学習がこのように展開することはなかろう。さらに，この授業者であれば，筆算処理の場合であれば「本当に縦に揃えてよいか」と発するであろうと想像する。もっと言えば，この事例の児童であれば，授業者と同じ言葉を発して学習を進めていると期待する。「本当に直線で結んでよいか」や「本当に縦に揃えてよいか」は，根底には「前と同じようにしてよいか【方略】」というメタ知識があり，このようなメタ知識を内容や場面に合わせて働かせ，知識・技能を構成することが望ましい学習であり，指導であるという認識が形成されているのだと考える。算数の学習では常にメタ認知を働かせてほしいものである。

アクティブ・ラーニングの視点から授業改善を図るというこの機会に，知識・技能は常に再構成していくもの，知識・技能は常に活用していくもの，その活用の中で習熟を図るものとみる学習観，指導観への転換を切に願う。

＜註＞
1　宣言的知識はある領域に関する事実の知識であり，概念的知識は数学的事実や手続きの意味を指すとして区別して考える場合もあるが，本稿ではその区別に問題が生じないため，同義で捉える。
2　課題に対するメタ知識

　　　　課題の本性が，認知作用にどのように作用するかに関する知識をいう。
　　（例）前にやった問題は，易しい。
　自己に対するメタ知識
　　　　自己の技能・能力が，認知作用にどのように作用するかに関する知識をいう。
　　（例）式さえわかれば，計算には自信がある。
　方略に関するメタ知識
　　　　認知作用をよくするための方略に関する知識をいう。
　　（例）わかったことを図にかいたほうがわかりやすい。
3　モニターに関するメタ技能
　　　　認知作用の進行状況を直接的にチェックする技能をいう。
　　（例）前にやった問題か。
　自己評価に関するメタ技能
　　　　認知作用をモニターした結果をメタ知識と照合して直接的に評価する技能をいう。
　　（例）おもしろい。
　コントロールに関するメタ技能
　　　　自己評価に基づいて認知作用を直接的に調節する技能をいう。
　　（例）図をかけ。

[引用・参考文献]
教育課程企画特別部会（2015），「教育課程企画特別部会論点整理」．
礒田正美・原田耕平（1999），『生徒の考えを活かす問題解決授業の創造―意味と手続きによる問いの発生と納得への解明―』，明治図書．
佐伯胖（1997），「認知科学から見た学校数学」，日本数学教育学会編，『学校数学の授業構成を問い直す』，産業図書，pp.81-89．
Hiebert, J., & Lefevre, P. (1986). Conceptual and procedural knowledge in mathematics: An introductory analysis. In J. Hiebert (ed.), *Conceptual and Procedural Knowledge: The Case of Mathematics*, pp.1-27. Hillsdale, NJ: Lawrence Erlbaum.
重松敬一（1987），数学教育におけるメタ認知の研究（2）―問題解決行動における「内なる教師」の役割―，第20回数学教育論文発表会発表要項，pp.99-104．
奈良教育大学（2011），平成22年度奈良教育大学学長裁量経費補助研究成果報告，「自ら学ぶ力―メタ認知を育てる教育的支援」．
http://www2.nara-edu.ac.jp/CERT/nara-edu/index.html（2016.8.1現在）
重松敬一（1990），「メタ認知と算数・数学教育―「内なる教師」の役割―」，平林一榮先生頌寿記念出版会編，『数学教育学のパースペクティブ』，聖文社，pp.76-105．

第1章 第3節
学びの質や深まりの重視
―「課題発見」と「協働的な学び」に焦点を当てて―

茂呂　美恵子
東京都大田区立赤松小学校

1．はじめに

　平成26年11月20日に，文部科学大臣より中央教育審議会に，「初等中等教育における教育課程の基準等の在り方について」諮問がなされた。その諮問文において，アクティブ・ラーニングについては，「課題の発見と解決に向けて主体的・協働的に学ぶ学習」と定義され，文部科学省資料　平成26年12月8日付教育新聞社説では，「自ら考え，論理的に表現し，課題解決に向けて，他者と協働しながら行う主体的な学びを中心とする授業」とある。

　また，それより以前の平成24年8月28日の中央教育審議会の答申「新たな未来を築くための大学教育の質的転換に向けて～生涯学び続け，主体的に考える力を育成する大学へ～」に関する「用語解決」には，次のように示されている。

> 　教員による一方的な講義形式の教育とは異なり，学修者の能動的な学修への参加を取り入れた教授・学習法の総称。学修者が能動的に学修することによって，認知的，倫理的，社会的能力，教養，知識，経験を含めた汎用的能力の育成を図る。発見学習，問題解決学習，体験学習，調査学習等が含まれるが，教室内でのグループ・ディスカッション，ディベート，グループ・ワーク等も効果的なアクティブ・ラーニングの方法である。

　これらを受けて，アクティブ・ラーニングをより具体的に考えると，子供が自ら課題を発見し，自らの問題として受け止め，解決に向

けた探究活動を主体的・創造的に進め，その過程で他者との交流を通して自ら見いだすことができなかった様々な考えに出会い，そのよさに気付き，自己の考えを見直し，よりよい考えを求めて相互に高め合っていく授業展開と言える。

そして，こうした意味においては，現行の「小学校学習指導要領総則」においても「各教科等の指導に当たっては，体験的な学習や基礎的・基本的な知識及び技能を活用した問題解決的な学習を重視するとともに，児童の興味・関心を生かし，自主的，自発的な学習が促されるよう工夫すること」という記述をはじめ，「学習課題や課題を選択」「児童の興味・関心等に応じた課題学習」「言語活動」「見通しと振り返りの設定」等の充実が示され，アクティブ・ラーニングは，小学校におけるこれまでの指導においても重視されてきたと言える。

> これからの学校教育においては，変化の激しいこれからの社会を考えたとき，また，生涯にわたる学習の基礎を培うため，基礎的・基本的な知識・技能の確実な定着とともに，それらを活用して課題を解決するための思考力・判断力・表現力等の育成を重視した教育を行うことが必要であり，児童がこれらを支える知的好奇心や探究心をもって主体的に学習に取り組む態度を養うことは極めて重要である。このような資質や能力を育成するためには，体験的な学習や基礎的・基本的な知識・技能を活用した問題解決的な学習を充実する必要がある。
>
> このため，例えば，……算数科では，「言葉，数，式，図を用いたりして考え，説明する活動」や「目的に応じて表やグラフを選び，活用する活動」といった算数的活動，……（小学校学習指導要領解説・総則編pp.65-66）

しかし，実際の学校現場は，どうであろうか。平成27年2月12日に国立教育施策研究所教育課程研究センターから「小学校学習指導要領実施状況調査」が公表された。それによると，アクティブ・ラーニングと関わりの深い「思考力・判断力・表現力等の育成」「自主的，自発的な学習の促進」「問題解決的な学習の充実」の3つの項目におい

ては，「ほとんど実現できていない」または「どちらかといえば実現できていない」と回答している学校の割合が全体の約$\frac{1}{3}$以上あり，依然，不十分な状況にあると言える。

こうした現状を鑑み，今こそ，諮問にあるように，

「学ぶことと社会のつながりを意識し，『何を教えるか』という知識の質・量の改善に加え，『どのように学ぶか』という，学びの質や深まりを重視することが必要である」ということを受け，より効果的な学習・指導方法の開発とその活用が求められている。

つまり，アクティブ・ラーニングに期待されることは，子供にとっては主体的な学びの転換であり，教師にとってはそれを可能とするための指導方法の転換を迫るものである。現在の教育課程でもアクティブ・ラーニングは重視されているが，現場の授業が十分に質的に高まっていっていない現状から，改めてここでアクティブ・ラーニングについて議論を深め，日々の実践を見直していくことが重要である。

2．算数科におけるアクティブ・ラーニング

算数科におけるアクティブ・ラーニングは，数学的な見方や考え方を身に付け，活用できるようにしていくことが主たるねらいと考える。そのためには，基礎的・基本的な知識・技能をはぐくむ日常の授業のあり方について，アクティブ・ラーニングによる質的改善が求められる。

ここでは，アクティブ・ラーニングにおけるキーワードとして，児童の主体性を重視し，「課題発見」と「協働的な学び」に焦点を当てて，学びの質や深まりについて追究していく。

(1) 課題の発見について

これまでの算数指導を振り返ると，他教科に比べ，どうしても必要十分な条件のもとで簡潔に表現された『問題』を教師が用意し，それを児童がいかに解くかという活動が中心で，児童自身が何のためにその問題を解くのか，指導のねらいが明確にされないまま，学習が進められる場合が多く見られる。しかし，算数科においても，児童が主体

的に学習を進め，思考を深めていくためには，児童一人ひとりが自ら考える対象を設定できるようにすることが大切であり，そこで『課題』が学習のねらいに沿うものであるように，手立てを工夫することが重要である。ここでは，算数科における『問題（の場）』について，次のように考える。

> 問題（の場）は，教師が指導のねらいの実現に向けて意図的に用意したもので，児童が興味・関心をもって，その中にある数学的に価値のある課題を見つけられるもの

また，『課題』については，「ア　教師が指導のねらいを明確にし，児童に与えた問題，イ　児童が（指導のねらいに沿って）自分自身に与えた問題」と捉え，アの場合は，

・比較的低学年の場合　　・はじめて学習する内容を取り上げる場合
・単元の導入でその全体を見通すことができない場合

などに多く見られ，このようなときは教師が用意した『課題』が児童自身の課題となるような手立てを工夫することが必要である。しかし，学習が深まり，児童自身の発達段階が高まってくるにつれて，イのように児童自身が指導のねらいを明確にして『課題』を設定することが可能となり，一層主体的な問題解決に向かうようになるのである（平成8年度　渋谷区立猿楽小学校研究紀要より）。

(2) 協働的な学習について

　アクティブ・ラーニングは，児童がこれからの時代を，自立した人間としてたくましく柔軟に，多様な他者と協働しながら創造的に生きていくために必要な資質・能力を身に付けさせるための手立ての一つである。

　そのため，算数の問題解決は，自力解決が基本であるといわれるが，問題解決の各過程（問題の理解➡解決の計画➡計画の実行➡発表・検討➡まとめ・振り返り）において，ペアやグループ，全体での協働的な学習を効果的に取り入れることによって，「考えの説明」「互いの考えの理解」「それぞれの考えのよさや関連性の追究」「よりよい

考えの追究」「まとめと発展」と，1人では限界がある学びの質的な高まり，深まりが期待できる。

3．実践の概要

　ここでは，5年生の「図形の面積」の指導を例にとって，自ら課題意識をもつこと，協働的な学習を重視し学び合いによる検討場面の充実を図ることの2つの視点で考えていきたい。
　この単元では，既習の長方形，正方形以外の基本図形の面積の求め方を考え，そのことを通して公式を導き出す学習が中心となる。平行四辺形，三角形，台形，ひし形などの面積の求め方を考える際には，求積公式がわかっている既習の図形に帰着できるよう，分割や等積変形，倍積変形などの操作の仕方を工夫していくことが重要である。このように，ここでは，既習事項を活用することのよさを児童に気付かせ，児童自らの力で求積公式を導き出していく過程を重視し，数学的な見方・考え方を育成していくことが重要である。ただし，ここでの基礎的・基本的な知識・技能とは，前時で獲得した数学的な見方・考え方をそのまま次時で活用する際は，児童にとって，求積公式の理解やその計算処理と同様，大切にしたい基礎的・基本的な知識・技能として位置付け，まとめにおけるその取り上げ方を工夫していく。

(1) 児童による単元全体の学習計画の立案
　一般的に，この単元の指導の流れとしては，次の2通りがある。
　　Ⅰ　平行四辺形→三角形→台形→ひし形→多角形
　　Ⅱ　三角形→平行四辺形→台形→ひし形→多角形
　Ⅰのように，平行四辺形を三角形の先に取り上げる場合が一般的に多く見られる。この学習のよさは，次のような点にある。
　　ア　平行四辺形を既習の四角形である長方形や正方形に直せないかと考えるのは児童の自然な思考過程である。
　　イ　導入として，平行四辺形を等積変形して長方形に直すことは児童にとって比較的容易にできる。
　　ウ　平行四辺形の面積から学習することにより，面積の大きさと関

数関係にあるものを見いだそうとすることが容易になり，公式化しやすい。
一方，三角形を先に取り上げる場合は，次のようなよさがある。
エ 三角形を先に取り上げることにより，すべての図形は三角形に分割して求積できることを強調できる。
オ 三角形を等積変形や倍積変形して長方形に直すことにより，数学的なアイデアの多くをここで発見することができる。

実際の指導場面でも，児童による単元の学習計画立案に当たり，この２通りの流れが児童の中で話題になった。Ⅰを主張する者はア，イの視点で，Ⅱを主張する者はエの視点で活発な意見が交わされた。

このように，本単元は，指導形態を工夫することによって，児童の問題意識に沿ってグループを分け，それぞれの学習の流れで単元全体を見通しながら主体的に取り組むことが可能となる単元である。

(2) Ⅰの流れをとった実際の指導の例

① 既習の平面図形を想起させ，求積できるものとできないものに分ける。
② 学習の流れを考え，児童自ら単元の学習計画を立てる。
　C まず，長方形に近い形の平行四辺形から考えていこう。
　C 平行四辺形→三角形→台形→ひし形→多角形→円の順で面積の求め方を考え，公式に表そう。
③ 平行四辺形の面積の求め方を考え，式で表す。
④ 平行四辺形の面積の求め方を工夫して考え，公式を導き出す。
⑤ 構成要素を変化させることを通して，多面的な見方・考え方を養い，公式の理解を深める。
⑥ 三角形の面積の求め方を考え，公式を導き出す。
⑦ その後は，台形やひし形の面積の求め方を考え，公式を導き出す。
　※児童自らがこのような単元全体の学習計画を立て，毎時間の見通しをもちながら主体的に学習を進めていった。

(3) 三角形の面積の実践

① 目標
・既習の長方形や平行四辺形の面積の求め方を基にして，三角形の面積の求め方を工夫することができる。
・三角形の「底辺」と「高さ」の関係を知り，その面積は「(底辺)×(高さ)÷2」で求められることがわかる。

② 指導上の工夫
ア　提示問題の工夫

　与えられた特定の三角形の面積を求めることが課題となっている指導がよく見られるが，ここでは本時のねらいが三角形の求積の公式化にあるので，その点を明確におさえた指導が重要となる。そこで本時は，児童自らが立てた単元計画に沿って，「三角形の面積の求め方を考え，どんな場合にも当てはまる公式をつくろう」という課題を，児童の問題意識を基に確認していく。そのため，はじめは特定の三角形は提示しない。それは，どんな大きさ，形にも当てはまる求積公式を児童自らが見いだしていく過程を重視していくために，平行四辺形での学習を想起させながら，主体的に考えさせていくためである。

　では，平行四辺形の求積学習で獲得した知識・技能とは何であろうか。平行四辺形の求積公式の理解と公式を用いた求積処理はもとよりであるが，平行四辺形の面積を求める過程で見いだし，確認された次のことも，三角形の求積指導の場面では，既習の（重要な）知識・技能と言える。

・どのような図形について調べていけばよいのか（特定の図形だけでなく，高さが底辺上にあるもの，高さが底辺の延長上にあるものと，一般性を求めて追求していくこと）
・既習のどんな図形（長方形）に帰着し，どんな操作を行ったか（等積変形の仕方）

　既に獲得したこうした知識・技能を，三角形の求積学習で，児童が主体的に活用できるように学習展開を工夫することがアクティブ・ラーニングによる学びの充実と言える。

　ただし，手のつかない児童には個別に次のような手立てを講じる。

C どのような三角形についてどのように調べていけばよいかわからない（考える対象となる図形が与えられていないため、手がつかない児童）。
　➡（特定の三角形を与え）次の面積を工夫して求めましょう。また、面積を求める公式を作るにはどうしたらよいでしょう。
C 三角形の面積を求める公式は、底辺×高さ÷2だよ（公式を既に知っている児童）。
　➡公式はどのように作られたか説明してみましょう。
　　知っている公式は、どんな三角形にも当てはまるでしょうか。
　このようにして、既習の知識・技能を児童自ら主体的に活用していく課題設定の工夫を行った。

イ　検討場面の工夫
　個々の児童が取り組んだ多様な自力解決の結果を主体的かつ能率的に統合していくことができるよう、まず4人程度の小集団での検討を重視させ、それを基にして全体での討議を行うようにした。
　小集団による検討結果については、学級全体で考えを共有できるように小集団ごとにB4判の用紙にまとめさせ、全体に印刷して配布した。以下に、4班の例を示す。

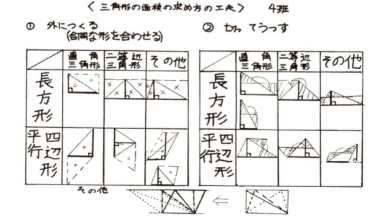

　それぞれの班の考えを発表させ、全体で、それぞれの班の考えについてさらに検討を図り、考えを広げ、深めていった。その際、

・根拠を明確にしながら筋道を立てて考えること
・用語や記号を適切に用いて表現・処理すること
・よりよいものを求めて解決の過程を見直すこと

を重視し，それぞれの考えの妥当性の検討，それぞれの考えのよさの検討（簡潔さ，明瞭さ，的確さ，一般性，発展性等），それぞれの考えの関連性の検討（共通点，類似点，相違点）を行っていくよう，習慣付けていく。特に，協働的に学習を深めていく上で，相互の説明，補い合い，よさの認め合いが重要となる。

(4) この学習で見られたアクティブ・ラーニングによる意欲的な児童の姿

・三角形の場合についても自分の問題（課題）として意欲的に取り組もうとする
・既習内容である平行四辺形の面積の求め方を基にして，解決方法の見通しをもとうとする
・既習の知識や技能，アイデアなどを積極的に活用しようとする
・多様な解決方法を試み，手際のよい方法を求めて考えようとする
・自分の考えを友達にわかりやすく伝えようとする
・多様な考えを表や記号を用いてわかりやすく整理しようとする
・多様な考えを統合的に捉えようとする
・得られた結果を既習内容と関連付けて捉え直し統合しようとする
・他の場面でも有効に働く見方・考え方がわかり，それぞれの考えのよさについて追求しようとする
・次時の問題（課題）を明確にしようとする

　このような協働的な学びを通して，児童は単に，面積の公式を学び取るだけでなく，問題解決のための方法の理解，数学的に表現・処理するための技能などの数学的な見方・考え方も，本時で押さえるべき重要な知識・技能として位置付けていく必要がある。

　ここでは，平行四辺形の学習を基に，1つの事例で面積の公式を一般化するのでは望ましくなく，いろいろな三角形の場合を考えて公式化していこうとする帰納的な考え方や求積公式が既にわかっている既習の図形を基にして考えていけばよいという演繹的考え方，また，そのための図形の等積や倍積による変形の仕方という問題解決のための

方法も，本時で押さえるべき知識・技能として重要である。

4．基礎的・基本的な知識・技能をより確実にはぐくむために

　基礎的・基本的な知識・技能を基に算数的活動に取り組んでいく児童は，問題解決学習の主体者である。そのより一層の充実を求めて，
○児童の疑問や好奇心から主体的に問題（課題）を設定する
　与えられた問題（課題）をいかに解くかが活動の中心である現状を改善し，児童の素朴な疑問や好奇心を大切にし，児童一人ひとりが自ら考える対象をつかみ，そこでつかんだ『課題』が学習のねらいに沿うものであるように，手立てを工夫することが重要である。
○学習内容を振り返り，知識の構造化を図る
　新たに学習した内容と既習内容とをつなげ，その関連について考えること，つまり，それぞれの知識を整理し，統合していく活動を重視するとともに，発展的な内容も児童自ら見いだそうする態度を養う。
○適切で多様な表現を駆使して，理解を深めていく児童を育成する
　式で表されたことを図にしたり，図に表されたことを式にしたりするなど多様な表現方法で問題解決に挑むとともに，友達の考えを積極的に読み取るなどして，言葉や数，式，図，表などの相互の関連の理解を深めていくことができるようにする。また，用語の意味の理解の指導にも力を入れることが重要である。

【引用・参考文献】
文部科学大臣より中央教育審議会へ諮問文（平成26年11月20日），「初等中等教育における教育課程の基準等の在り方について」．
中央教育審議会（2015），「教育課程企画特別部会論点整理」．
文部科学省（2008），『小学校学習指導要領解説 総則編』，東洋出版社．
文部科学省（2008），『小学校学習指導要領解説 算数編』，東洋館出版社．
国立教育施策研究所教育課程研究センター（平成27年2月12日），「小学校学習指導要領実施状況調査」．
茂呂美恵子（1994），「調査研究シリーズ25　意欲をもって算数に取り組む子どもを育てる指導と評価の工夫」，財団法人日本教育文化研究財団，pp.52-74．
平成8年度 渋谷区立猿楽小学校研究紀要，「自ら課題をもって，高め合う児童の育成」，pp.7-8．

第1章 第4節
知識・技能をはぐくむアクティブ・ラーニング

岡崎 正和
岡山大学

1. はじめに

　課題の発見と解決に向けた主体的で協働的な学びとして，アクティブ・ラーニングが提案されている。「何を教えるか」という知識の質や量の改善はもちろんのこと，「どのように学ぶか」という，学びの質や深まりを重視し，そのための指導法として位置付けられる。

　算数科の指導では，算数的活動が平成10年改訂学習指導要領より取り入れられ，平成20年改訂の学習指導要領では言語活動の充実を旗印に，表現する活動を積極的に取り入れて，方法としてのみならず，目標や内容として算数的活動を捉えてきた。ただし，こうした活動が，児童の算数に対する「深い理解」に至らせることができたかどうかは，常に振り返り，改善していく必要がある。

　『論点整理～新しい時代と社会に開かれた教育課程～』（中央教育審議会教育課程企画特別部会，2015）では，「教育を通じて解き方があらかじめ定まった問題を効率的に解ける力を育むだけでは不十分」であり，「これからの子供たちには……膨大な情報から何が重要かを主体的に判断し，自ら問いを立ててその解決を目指し，他者と協働しながら新たな価値を生み出していくことが求められる」と記されている。そして，育成すべき資質・能力の3要素を次のように明示している。

　　ⅰ　何を知っているか，何ができるか（個別の知識・技能）
　　ⅱ　知っていること・できることをどう使うか（思考力・判断力・表現力等）
　　ⅲ　どのように社会・世界と関わり，よりよい人生を送るか（学び

に向かう力，人間性等）

　これを実現する方法としてアクティブ・ラーニングが提案されている。アクティブ・ラーニングを構想する上で，算数指導で重視されてきた問題解決型の学習指導は今後も大切にしたいことである。
・問題提示とめあて作り（課題意識と見通しをもつ）
・個別解決（自分なりの考えをもつ。ペアトーク等を含む）
・クラス全体で協働解決（考えを共有し，練り上げる）
・適用と検証（学びを確かなものにする）
・まとめと振り返り（考え方のよさ等をまとめる）

　この指導はLesson Studyの名のもとで世界的に有名であり，この学びを通して，知識・技能のみならず数学的な考え方や学びに向かう力等も高めることができると思う。また，既に協働学習の技法を使った研究等も始まっている。注意したいのは，問題解決的に，そしてアクティブに授業を進めようとしても，必ずしも学習が深まらないことである。大きな原因は，教材研究の深さの差によるものであろう。

　算数の教材研究を「算数の教材を内容の特性，教科の特性，学級の子供たちの特性，算数科の目標，授業としての実現可能性や過去の指導の反省に基づいて吟味し，実際の授業過程に仕立て上げていく一連のプロセス」と捉えておく。ただし，ここで挙げた特性は並列的ではなく，むしろ入れ子状に捉えたい。教材研究を議論する際には特に，内容の特性と算数という教科の特性を中核に据えて，それらが生きるように，その他の特性へ広げていく必要がある。

2．アクティブ・ラーニングで何を育成するか

　アクティブ・ラーニングでは，次の3つの視点からの改善が必要とされている（『論点整理』を参照）。
① 習得・活用・探究という学習プロセスの中で，問題発見・解決を念頭に置いた「深い学び」の過程が実現できているかどうか。
② 他者との協働や外界との相互作用を通じて，自らの考えを広げ深める，「対話的な学び」が実現できているかどうか。
③ 子供たちが見通しをもって粘り強く取り組み，自らの学習活動

を振り返って次につなげる,「主体的な学び」の過程が実現できているか。

対話的な学び,主体的な学びは後で触れるとして,深い学びについて考えていきたい。そのために「活用」に着目する。育成すべき資質・能力の中でも,「知っていること・できることをどう使うか」という視点は重要である。しかし,ここでは習得,活用,探究という枠組みでの活用ではなく,算数学習において活用という言葉の持つ意味を再考したい。誇張に聞こえるかもしれないが,算数学習には活用の場面しかなく,基本的には次の3つの活用がある。

1つ目の活用は,知識の構成過程における活用である。算数の特質上,新しい知識(未知)は古い知識(既知)を活用して再構成したものに他ならない。逆に言えば,子供の既知と結びつけられない新しい知識は深い理解に到達せず,表面的な理解にとどまるであろう。

2つ目の活用は,学んだ知識,技能,考え方を日常の事象などへ活用し,その意味や意義を再認識することである。これによって知識や考え方の有用性を理解することができ,知識の定着が図られる。

3つ目の活用は,学びのさらなる活用であり,場面を一般化して,学びをさらに発展させることである。学べたと思っても,数値や形を変えると,とたんに行き詰まることがある。いろいろな場面で使える知識こそ,深い理解に支えられた知識である。算数指導では,新しい知識を学んだ後は計算練習になりがちであるが,本当にそれで深い理解に達するのか,再考してみる必要がある。

3つの活用は,実際の授業では,あまりうまくいっていないことがある。このことをまずは確認してみたい。

3．3つの活用から見た授業づくりの課題

　以下に挙げる授業のどれも問題解決型の指導を行い，ペアや小グループでの交流，全体での議論を含んだ一見アクティブな授業である。

　1年生の繰り上がりのあるたし算について考えてみる。繰り上がりのあるたし算では，たす数を分解して10のまとまりをつくる（加数分解）か，たされる数を分解して10のまとまりを作る（被加数分解）かによって，「10といくつ」という

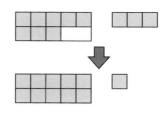

既知に帰着させ，計算や活用の仕方を学ぶ。ある小学校で繰り上がりのあるたし算（8＋3）の第2時目の授業を参観した。ブロックを使って，8＋3が11になる仕組みを，「3を2と1に分けます。8と2で10，10と1で11」と唱えながら学習を進めていた。しかし，ブロック操作の後，式で問題が出されたときには，答えがわからず困っている子供が何人かいた。教師は「ブロック操作に戻りましょう」と言って，再びブロック操作を行い，皆で一緒に分解と合成の仕方を唱える指導を行った。しかし効果はほとんどなく，新しい計算が式で出されるたびに子供たちは躓いた。うまくいかない子供に「なぜ2個を移動させたの？」と私がそっと問いかけたとき，その子供は「ここに2個の隙間があるから」と教えてくれた。もし子供がこの見方を続けるなら，何度ブロック操作をしても意味がない。8＋3の「式」を見て，2の隙間が見えるだろうか。8という数に隙間はない。

　8＋3を計算するとはどういう意味か。この場面では結果の11を求めることではなく，8＋3という式を10＋□の形に変えることを試みている。なぜこうするかは，十進位取りでは，10＋□は表記上1□と書けばよく，10のかたまりとそれ以外に分けることが自然だからである。ここでの思考を一つ一つ書き出せば，次のようになる。

　①8＋3というたし算を，10＋□の形に変えたい（課題意識）。そのため10という数を意識する。

② 8にいくつたせば10になるか考える。10は8と2に分解できる。
③ その2を3の中からもらう。そのため3を2と1に分解する。
④ 結局8＋3は10＋1になり，答えは11となる。

8＋3の思考はこの4つの段階を踏むはずであるが，上の教師の指導は③と④の段階でしかない。ブロックの隙間として見える2は，10との差として意識化されねばならない。そもそも10＋□という形に変えたいという課題意識や既知とのつながりなしに，単に数の分解と合成の仕方を唱えさせても，意味の乏しい作業になりがちである。

また，ブロックの移動は一瞬で終わり，子供の机上には「移動後の10と1のブロック」が置かれたままになる。算数とは結果ではなく「プロセス」である。一瞬の移動かもしれないが，その移動に上記の①〜④で表されたアイデアが詰まっている。それをどう子供たちに意識させてやればよいか，そこが教材研究になってほしいと思う。

別の小学校では，繰り上がりのあるたし算（被加数分解）を参観した。「たまごが3個あります。おかあさんからたまごを9個もらいました。たまごは，合わせて何個でしょうか」という問題に対して，3＋9という式を立て，紙粘土のたまごとたまごパックを用いて活動を行った。しかし，子供のたまごパックをよく見ると，3＋9ではなく，9＋3の置き方になっている子供が何人かいた。この状況が教師に意識されないまま，3の方を2と1に分けて9にたす方法があるということを学習した。上の子供たちは，3＋9のやり方と事象とを結びつけることができたのであろうか。

問題場面は，9個のたまごを後からもらうのだから，後からもらうたまごを分ける（加数分解）方が事象の解釈としてわかりやすい。ところが式の計算を考えるなら被加数分解のほうが楽である。事象の解釈を修正し，加数のほうが大きい数の計算では，被加数の方を分解して加数にたすほうが楽だという感覚が必要である。この意味で，算数と問題場面や事象とがつながってほしいと思う。

最後に，4年生の「式を読む」学習を見てみたい。〇の数を数える式を，図を使って説明する学習である。まず，どんな式が考えられるか問われ，子供たちは4×4+3×3の式を見つけた。その後，教師から3×8+1，6×4+1，5×5という式が加えられ，「どのように考えて作った式かを，図を使って説明しよう」とめあて設定が行われた。

　子供たちは，個人そしてペアで，様々なユニークな図の囲み方をして，探究を行った。

　3×8+1は，左図が想定されていたが，子供の図は右図であった。式を図で表すことで，式が簡潔な表現

であることを知ることができた点はよかったと思う。しかし，子供たちは「一般性としての式のよさ」を感じ取れたであろうか。これを実感するには，〇をもう一列増やして，同じ見方が通用するか，その際，式の中のどの数を何に変えたらよいかといった追究を継続することが重要ではなかろうか。式の中の4や3といった数はある特定の数を表すだけでなく，変数のような役割もしている。一列追加されても，いつでも使える数え方が式に含まれている，といった便利さの認識がほしい。上の授業では，全く別の適用問題が与えられ，学びの一般化の機会はなかったが，「深い学び」という視点からは，一般化という活動を見直したいものである。

　以上から，既知から未知への活用，事象への活用，一般化の活用は教材研究上，重要な視点になると考える。理解が難しい教材では，特に教材研究を背景にしたアクティブ・ラーニングが求められる。以下では2年生の「かくれた数はいくつ」の授業について，授業づくりの視点のさらなる追究を行ってみたい。

4．「かくれた数はいくつ」の授業をめぐって

　近年，2年生の「かくれた数はいくつ」の授業を，異なる小学校で

観察する機会があった。この授業は,「子どもがあそんでいました。そのうち13人が帰りました。残りは18人です。はじめは何人いましたか」といった問題を通して,たし算とひき算の相互関係や部分―部分―全体の加法構造の把握を目指すものであり,テープ図をかくことを通してそれらを意識させていく。しかし,図がかけない,「かえる」「のこり」というキーワードにつられてひき算を想起するなど,多くの困難が生じる学習である。

教師は「テープの絵をかいてみましょう」と促したが,授業では,多くの子供に困難が見られた。

左図は,数量の間の関係を正しく捉えられていない子供の図であり,問題文に出てくる順(□,13人,18人)に図をかいている。中央図は,数量の関係は捉えているが,式はひき算になっており,図が生かされていない。右図も,図としては正しいが,式に結びついていない。「図をかけば問題が解ける」とよく言われるが,事はそれほど単純ではない。統計的に調べていないが,同様の授業を何度か見た経験から,半数くらいの児童が正しく図をかけない。この状況でペア学習をしても,間違った考えの交流か,深まりのない交流になる。また,全体交流では,誤りを生かす指導も考えられるが,半数の児童が正しく図をかけていない状況では,教師が主導的な役割を担わざるを得なくなり,主体的な学びとはほど遠くなる。

ここでは,テープ図に凝縮化される意味を明らかにする必要がある。特に,図表現には「問題理解の面」と「問題解決の面」があり,子供はそれら両方の意味を読み取らねばならない。この問題では,□人いて13人帰ったので,18人が残った,という問題状況を理解するには,1本のテープ図に関して,イメージ上では次頁の上図のように,「全体Aから部分Bを取り去れば,部分Cになる」と読み取る必要がある。次には,下図のように「部分Bを戻して,部分Cと合わせれば,全体Aになる」,すなわち,帰った人に戻ってきてもらい,残っ

ている人と一緒になれば元の人数になる,と図は解釈される必要がある。図は,その性質上,静的であるが,動的,操作的,関係的に解釈されない限り,問題理解にも問題解決にも働くことはない。単にテープ図をかいてみようと問いかけるだけでは,子供たちにとって,それが数学化の過程を進める役割を果たしにくいことが,上の子供たちの反応からわかる。

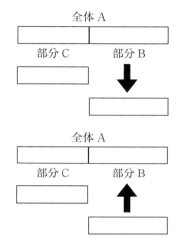

実は,何度か授業を見たうちの1つの授業のみ,質の高い議論がなされた。A学級,B学級を例に挙げるが,B学級は上の教材研究のもとに行われた授業である。

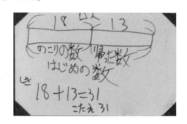

A学級でのやり取りは,次のようであった。
T　交流したことを発表していこう。
C　(図を指して)ここからここまでが全部の数です。ここからここが帰った人の数で13人です。ここからここが残った人の数で18人です。全部の数は,帰った人と残りの数を計算すればいいと思います。18+13=31。答えは31です。
T　残りの数と帰った数を,どう計算するのですか。
C　たし算で計算します。
T　何と何をたすか,正確に言いましょう。
C　言葉で言うと,残りの数の18人と帰った人の13人をたせば,答えが出る。

テープ図から,求める部分が,残りの数と帰った数をたした数であることは述べているが,なぜたし算になるのかには触れられていない。教師は授業の最後に,前時と比較して「今日はなぜたし算ですか」と問うたら,児童は「昨日の問題はたし算だったからひき算にし

たので，今日はひき算だったからたし算になる」と述べた。結局，意味が十分に理解されているようには思えなかった。

　B学級では，「生活の授業でミニトマトの花を観察しました。昨日は3個咲いていました。今日は何個か咲いたので，全部で18個になりました。今日咲いた花は何個でしょう」という問題での授業であった。テープ図の書き方を間違えた子供はほとんどなく，授業では次の議論が交わされた。

C（発表者，以下，発）　式は18－3＝15です。テープ図で説明します。昨日咲いたのはここです。何個か咲いたのはこれです。全部がここです。

C　質問があります。なんでひき算なのですか。今日，咲いた花はわかりませんね。

C（発）　今日は部分を求めるからです。全体から部分1をひきます。ひくからです。

C　どうして全体から部分をひくとひき算ですか？

C（発）　昨日3個咲いていました。これです。次に何個か咲きました。これです。全部で18個。これです。今日求めるのは何だと思いますか。

C　今日咲いた花の数です。

C　咲きました，とあるのに，なぜひき算ですか。

C　咲いたは増えるのではなく，18から3をひくからです。

C　どうして3＋□としなかったのですか。

C（発）　式が□だと，何個たしたのかわからないから，□のない式にしました。

T　3＋15＝18とすると違いますか？　どうして先生は違うのでしょう。

C　今日は咲いた数を求めるから，たし算でなくひき算になります。

C　まだ15個咲いたとはわかっていないから，ひき算がいいと思います。

C　18はわかっている数だから，答えではないと思います。

C　今日咲いた花の数を求めるのだから，全部は答えではありません。

　A学級とB学級では，会話のレベルが全く異なることがわかるであろう。A学級は，答えを求める式が何かを言っているだけであるが，B学級では，問題文と図と式の対応を明確にしながら，算数の本質に迫る問い「なぜひき算か」をとことん追究している。B学級は山間部の小さな学校で，若き教師が単元構成のあり方を必死に研究し実施した授業である。単元構成では，全体，部分，部分の３つを表すテープ図を使って，部分－部分－全体の関係を，テープ図の上下の操作と，「全体，部分１，部分２」という言葉とともに導入し，最終的には１本のテープ図での見方ができるように指導していった。互いに質問し合う言語活動を，たとえ２年生でもできるよう指導してきているのであるが，注目したいのはむしろ会話の数学的レベルであり，部分－部分－全体の関係が的確に議論されている。

　中央教育審議会の「算数・数学ワーキンググループにおけるこれまでの議論のとりまとめ（案）」では，アクティブ・ラーニングの「対話的な学び」は，「数学的な表現を用いて説明することで，簡潔・明瞭・的確に自分の考えを表現できることを実感する活動」「児童生徒一人一人の表現を教室全体で数学的に洗練することにより，客観的で合理的な説明に高め合う活動を設けること」を例示し，「主体的な学び」では，「児童生徒一人一人が考えを持ち，その考えを受け入れ，お互いの考えのよいところを認めながらそれぞれの考えがよりよくなる活動」等を例示している。まさに上の子供たちはこうした姿を見せている。

　たし算とひき算の関係がわかるとは，全体と２つの部分の関係が整理されることである。１年生のときに「のこり」「ふえる」といったキーワードばかりに着目して，たし算とひき算を捉える学習を積み重ねていれば，２年生のこの内容になって負の影響を及ぼすことになる。たし算を，増えるや合わせるでなく，部分と部分から全体を作る操作，ひき算を，全体と一方の部分がわかっているときに，他方の部分を求める操作として，数学的に理解していくことが要求される。そのとき，たし算とひき算は統合的に理解されるようになる。

答えを求める「方法の語り」を超えて,「わけの語り」へと子供を誘う方法としてアクティブ・ラーニングが機能し,深い学び,対話的な学び,主体的な学びにつなげていくことが重要であろう。

5．おわりに

　アクティブ・ラーニングによる授業を作る上で,これまで培ってきた問題解決型の授業や言語活動の充実した授業の方法は,今後も生きる財産であるし,新しい手法を加えてもよい。しかし,形だけのアクティブ・ラーニングにならないよう,確かな教材研究を生かす形での豊かな学びにつなげていく必要がある。

　本稿で述べてきたことを整理してみる。まず,算数は3つの活用を通して成長する。3つとは,子供の既知と未知を確実に接続する,事象と算数とがつながっているかを確かにする,数や形を変えて一般化して考え方が通用するか確かめることである。

　次に,算数とは結果でなくプロセスであり,プロセスに含まれる数学性を教材研究として意識化すること,また,その視点から問題文と図と式をつないでいくことの重要性について述べた。その際,表現には問題理解の面と問題解決の面の両方があるということに配慮すべきことも述べた。

　最後に,確かな教材研究を背景に,答えを出す方法の語りを超えて,「なぜ」のわけの語りにつなげる教室の語りの創出について述べた。

　この他にも,知識・技能の定着を図る視点はたくさんあろうが,少なくとも上で述べたことは,算数という教科の本質に根ざすことであり,算数を通した人間教育につながると信じるものである。

【引用・参考文献】
中央教育審議会教育課程部会算数・数学ワーキンググループ（2016），資料3算数・数学ワーキンググループにおけるこれまでの議論のとりまとめ（案）.
中央教育審議会教育課程企画特別部会（2015），「論点整理」.

第2部
育成すべき資質・能力をはぐくむ授業改善

第2章
思考力・判断力・表現力を育てるアクティブ・ラーニング

第2章 第1節

他者を通して学ぶ
―学習の振り返りとまとめを自覚的に行うこと―

二宮 裕之
埼玉大学

1．はじめに

　アクティブ・ラーニングは，教員による一方向的な講義形式の教育とは異なる，学修者の能動的な学修への参加を取り入れた教授・学習法の総称である。「課題の発見と解決に向けて主体的・協働的に学ぶ学習」とされ，認知的，倫理的，社会的能力，教養，知識，経験を含めた汎用的能力の育成を図ることを目指す。発見学習，問題解決学習，体験学習，調査学習等に加えて，教室内でのグループ・ディスカッション，ディベート，グループ・ワーク等も有効なアクティブ・ラーニングの方法とされる。(中央教育審議会，2012)

　文部科学省が「言語活動の充実」を提唱したのと相前後して，『学び合い』と呼ばれる学習活動に注目が集まった。嶋野(2013)は学び合いを「自己との対話を重ねつつ，他者と相互に関わりながら，自分の考えや集団の考えを発展させて，共に実践に参加していくこと」と概念化している。学び合いとは単に友達と一緒に学習するだけのことではなく，「自己との対話」すなわち『自分が何をどう考えようとしているかを自覚すること』を行為の前提として求めている。

　本節では，グループ・ディスカッションやグループ・ワークなど，協働的な学習（学び合い）における『自己認識』について考察を進める。他者を通して，あるいは他者を介して「自らの学習を認識すること」を，算数科におけるアクティブ・ラーニングにおいて必要とされる汎用的能力の一つと位置付けた上で，逆に，有意義なアクティブ・ラーニングを通してそのような汎用的能力を培うことについて，具体的な事例を基に論じる。そして，アクティブ・ラーニングにおける算

数的活動の本質を『学習者自身による自己認識』とした上で，アクティブ・ラーニングによる学習の成果を『**知識・技能を獲得した自分を認識していること**』とする学習・指導観について提案したい。

2．他者から学ぶ，他者を通して学ぶ

　平成20年に告示された学習指導要領では，「自分の考えをわかりやすく説明する」算数的活動や「自分の考えを表現し伝える」算数的活動が，『言語活動の充実』『思考力・表現力の育成』といった文脈で取り上げられている。また「自分の考えをわかりやすく説明する」「自分の考えを表現し伝える」算数的活動は，『個に応じた指導』を促すための一環としても位置付けることができる（二宮，2002）。さらに二宮（2011）は，学級などの学習集団において「他者から学ぶ」「学び合う」といった集団における学びのよさについて言及した。本項では，学習における「他者」の役割について考えておきたい。

　Lave & Wenger（1991）に代表される状況的学習論の立場では，「学習」を，実践共同体への参加の度合いの増加と見る。このような観点から佐伯（1995）は学習を「開かれた文化的実践に参加すること」としている。そして，学習に直接関わる他者の存在について，次のように述べた。

　　教室の「外側」に目を向けて，「世の中」のできごと，文化のいとなみに，それぞれが自分事としてかかわろうとするとき（中略），お互いは「きみとわたし」に気づく。かたわらにいる「きみ」「あなた」に心を配り，相手の立場に立って「別の見え方」を味わったりする。（中略）互いが互いから自然に学び合い，それが相互に相手の人間全体の発見になる（pp.42-43）。

　佐伯（1995）は学習共同体の変容について，他者との関わりの点から言及している。学級生がお互いに「自分」という個人を語りまた個人としての相手の語りに耳を傾けることから，相手を「あなた」として認め合う二人称的な関わりがなされると，互いが相手を「理解

(appreciation)」(賞味，感謝) し合う「YOU世界」が形成されるとしている。YOU世界としての学習共同体では「互いに学び合う」学習が展開される。そして「自分の考えをわかりやすく説明し，友達に伝える」ことは必須のこととなる。自分の学びが他者に直接影響を与えるとともに，他者の学びが直接自分の学びに大きな影響を及ぼすのである。

さて，このような議論を，実際の教室で起こり得る具体的な算数的活動に即して考えていきたい。「自分の考えをわかりやすく説明すること」は，まずは『自分の考えを深めさせる』ことになる。この点について二宮(2010)は，「思考した結果を表現すること」と「表現を使ってさらに思考を進めること」が互恵的に生起する『思考と表現との相互構成性』という概念を用いて説明している。友達にもよくわかるように表現するためには，自らの理解が確実に構築されていなければならない。まずは，表現することで自分の考えをより深めることになる。また，伝達を意図した表現を工夫することで，自分の考えが友達に伝わる。その友達の立場で考えれば，他者の考えが自分に伝わることで，自分の考えをより深めることを可能とする。そして，自分の元々の考えを踏まえ，他者から伝わった考えを包括的に取り入れ，新たな思考を進める。それがある程度まとまった時点で，今度はその考えを他者に伝えることで，自分の考えをさらに深めるとともに，その情報が他者の思考をも深めていくことになる。

ここで，「他者から学ぶ」ことと「他者を通して学ぶこと」との違いについても考えておきたい。学級の中で，算数がよくできると見なされている児童と，そうでない児童との間に序列が生じることがある。そうすると，自分は算数がよくできると自他ともに認めるような児童にとって，「友達の考えから学ぶ」ということが実際にはほとんどないと思い込むような状態が起こり得る。このような状態に対して，「他者から学ぶ」のではなく「他者を通して学ぶ」ことをぜひ推奨したい。「他者から学ぶ」という考え方には，他者が模範解答をもっていてそれを習得する(マネする)という，従来的な(行動主義的な)学習観がその意識の根底にあるように思われる。正答(考え方・解き方)を知っているか，知らないか，という非常に単純な二分

法である。一方で「他者を通して学ぶ」という考え方では，自分は既にわかっているつもりである事柄についても，友達の考えを知ることで，他者を通してさらに何か学ぶべきものがあるはずであるとの信念のもと，積極的に相互作用（学び合い）を進めていくことになる。それがどのような小さな事柄であったとしても，何か他者から学ぶことがあるはずとの信念を持つべきであり，また学習共同体の変容といった視点で学習を捉えれば，どのような児童でも他者を通して学ぶことは決して少なくない。謙虚に「他者を通して学ぶ」ことがお互いにできるよう，児童を指導していきたい。

3．学習の振り返りと学習のまとめ

　二宮（2005）は，学習における「振り返り」と「まとめ」について議論した。自己の学習活動を客観的に捉えるために，自己を客体化した「もう一人の自分」の存在を学習者の内面に想定し，学習の振り返りにおいて「学習の主体」としての自分とは別の「客体化された自己」の視点から見た客観的な洞察の必要性について論じている。

　二宮（2006）では，学習の振り返りを「評価（自己評価）」の一形態として捉え，さらに学習のまとめを「学習活動」として捉えた。そして，振り返りとまとめとは不可分な活動であるという点について論じている。また「学習活動と自己評価の一体化」という概念を用いて，自らの学習を振り返りそれを評価した上でまとめるという一連の評価活動そのものが，同時に学習活動の一環にもなっていることについて言及した。さらに自己評価について，それが単なる「結果としての評価」にとどまらないことについても論じている。特に，構成主義的認識論に立つと，振り返りを行い学習をまとめることそれ自体が，算数の学習活動になる。つまり「評価」とは，学習の成果・結果であるばかりでなく，学習活動を促すための方法にもなっていると捉えているのである。

　そして二宮（2007）では，学習活動を進める際に，実はそこには常に不断の評価活動が，意識的に／無意識的に必ず介在していることについて論じた。学習の成果は「不断の自己評価活動の集成」であると

して,「学習活動と自己評価の一体化」の概念にさらなる意味づけを行った。そして,このような観点に立ったとき,学習の成果とはもはや「知識や技能を獲得すること,或いは獲得された知識・技能そのもの」として捉えることはできなくなると結論づけている。知識や技能の獲得(=学習活動)は,自己評価活動と常に相互構成的になされ,それらは互恵的な関係にある。そしてその評価はさらにメタ的に捉えられることで精査される。このようにメタ的に再評価された評価(=学習活動)は,学習者に客観的に捉えられた学習の成果であり,このような評価結果は学習活動と相互構成的に生成される。このような意味において,本当の意味での学習の成果を,『知識・技能を獲得した自分(たち)を認識していること』とした。

　本節で紹介する具体的な実践では,二宮(2005)で述べた「自分とは別の『客体化された自己』の視点」を意識させるために,「振り返り」「まとめ」という異なる活動を行わせた。具体的には,学習を振り返って思いついたものをどんどん羅列するような記述を「振り返り」とし,その「振り返り」を基に学習内容を集約する記述を「まとめ」としている。「振り返り」については,先行研究で述べられている概念とは若干異なるものになっているが,このように2種類の記述表現活動を並行して進めることで,二宮(2006)のいう「学習活動と自己評価の一体化」を促すようにした。自己の学習活動を「振り返り」として記述したものを基にして,それを学習者自身が読み直すことで自己の学習活動を客体化させることが期待できる。さらに,「振り返り」と「まとめ」とを有機的に関係づけることで,自らの学習についての自己評価活動が,学習活動そのものとして位置付くように工夫した。またこのような自己評価が,さらなる学習活動を促すための方法として機能するよう試みている。そして二宮(2007)で述べるように,自分たちの学習の成果を『知識・技能を獲得した自分(たち)を認識している』という視点で捉えられることを目指した。

4．実践の概要

　毎時間の授業の振り返りで,「振り返り」と「まとめ」を2段階に

分けて記述することにより,「まとめ」をより書きやすくすることをねらいとした。

　第1次　多角形の定義　三角形の敷き詰め（略）
　第2次　三角形の内角の和
　敷き詰めから気付いたことを話し合い,三角形の内角の和は180°になることをクラス全体で共有した。
　最後の10分間で,前時と本時を振り返る時間を設けた。始めの5分間は,2時間分の振り返りをいくつかの視点を与えて児童に書かせ,その後の5分間で,振り返りを基にまとめを書かせた。
　第3次　四角形の内角の和
　授業の最初に,児童が書いた前時のまとめの中から,よくまとめられていたものを教師がクラス全体に紹介することで,前時の学習を思い出させた。それを基に本時では,四角形の内角の和は360°になることを説明した。
　最後の10分間には,第2次と同様に本時の振り返り・まとめの時間を設けた。ただし本時では,隣の児童と二人組になって相談しながら振り返りやまとめを行わせた。はじめの5分間は相談しながら振り返りを各自のノートに書かせ,その後の5分間では振り返りを基に相談しながら1枚のワークシートにまとめを書かせた。
　第4次　多角形の内角の和（略）
　第5次　単元のまとめ（略）　　　　　　　　　　　（二宮・深堀,2008）

5．「振り返り」と「まとめ」の事例分析

　本項では,第3次でなされた算数的活動について検討する。この事例は,児童が一般性のある記述で簡潔にまとめを行っているものである。児童の記述表現は次のようなものであった。

A児の振り返り
　三角形のときと同じように四角形も角を4つ合わせると360°になった。他の人ので四角形が曲がっていても360°になることがわかった。四角形の中に三角形を作って三角形の3つの角度は180°もう1

つも180°だから180×2をやると答え360°になったのがびっくりした。分度器を使わなくてもちぎったり線を引いたり計算したりすれば答えが必ず出た。三角形を作りもう1つ作って合わせたら360°になりそう。

B児の振り返り

がんばったこと：三角形と四角形は角が3つあると180°4つあると360°になった。わかったこと・気付いたこと：四角形をちぎらないで，対角線を1本引けば三角形になり，180×2で360°になった。わからなかったこと：角を手でちぎらないで答えを出す方法が出せなかった。よかったこと：自分の考えを一つ出せた。友達のよかったこと：○○さんがノートの使い方がよかった。

2人で相談した後のまとめ

三角形では3つの角を合わせると180°になった。四角形の中に対角線を1本引いて三角形が2つだから180×2で360°になった。四角形の中に三角形をかいて180°だから180°×2をして360°になる。

この事例では，各自の振り返りを基に2人で話し合ってまとめを作成している。彼らの「振り返り」の記述は，それぞれ自分が学習した内容を，自らの理解に基づき具体的に列挙したものである。それを基に2人で協働的に算数的活動を行いながら進めた「まとめ」では，振り返りで記述された事柄を集約し，お互いに自分たちの考えを深めながら，さらに一般性のある記述を用いて学習した内容を簡潔に表現している。「振り返り」の記述では，学習内容のまとめとして本質的でないものも多く含まれているが，それらを精査することでよりよい「まとめ」を作成することができた。このことは「思考した結果を表現すること」と「表現を使ってさらに思考を進めること」が相互構成的に生起したものと捉えられる。すなわち，「まとめ」としてより精緻な内容を記述表現することができたことの要因として，学び合いを通して彼らの思考がより洗練されたことを想定することができるのである。彼らはこのような「まとめ」を作成することを通してより深く学び合うことができ，またそのような「まとめ」を介して，次時以降の学習においてその記述表現の内容を拠り所にしながら，さらに深く

学ぶ（学び合う）ことを可能としたと考えることができる。このような学び合いこそが，「他者を通して学ぶこと」であると言えよう。

６．学習の成果をどう捉えるべきか

　学校教育法第30条では，学力の重要な三つの要素として以下の３点が述べられている。

（1）基礎的・基本的な知識・技能
（2）知識・技能を活用して課題を解決するために必要な思考力・判断力・表現力等
（3）主体的に学習に取り組む態度

　一方，中央教育審議会教育課程企画特別部会による論点整理（平成27年８月）は，育成すべき資質・能力を以下の三つの柱で整理している。

ⅰ）何を知っているか，何ができるか
　　　　（個別の知識・技能）
ⅱ）知っていること・できることをどう使うか
　　　　（思考力・判断力・表現力等）
ⅲ）どのように社会・世界と関わり，よりよい人生を送るか
　　　　（学びに向かう力，人間性等）

　「個別の知識・技能」は『問題解決の授業の充実』に関わる事柄として，「思考力・判断力・表現力等」は『方法的能力の育成』に関わる事柄として捉えることができよう。また，学校教育法第30条にある学力の三つの要素と比較した場合，(1)とⅰ），(2)とⅱ）は概ね同様の指摘であるのに対して，「(3)主体的に学習に取り組む態度」（いわゆる関心・意欲・態度）については些か様相が異なる。ここでさらに，「学びに向かう力，人間性等」について考えておきたい。
　二宮（2006）は「学習の振り返りやまとめ」を，学習活動の終末に

おいてのみ行われるものではないとしている。算数的活動を進める際には，実は常にそこには不断の評価活動が，意識的に／無意識的に必ず介在していると捉えるべきである。それは例えばメタ認知のように，自分自身の学習活動をモニター・コントロールする働きである。つまり二宮（2006）は，算数的活動において，「学習の振り返りやまとめ」を，学習の進展に合わせて絶えず行っているものとして捉えており，学習の成果を『不断の自己評価活動の集成』として捉えることを主張しているのである。そして，これまで「知識・技能を獲得すること」あるいは「獲得された知識・技能」をもって『学習の成果』とされてきたことに対して，本当の意味での学習の成果を，**『知識・技能を獲得した自分を認識していること』**とした。

論点整理では「学びに向かう力，人間性等」に含まれる事項として，「主体的に学習に取り組む態度も含めた学びに向かう力や，自己の感情や行動を統制する能力，自らの思考のプロセス等を客観的に捉える力など，いわゆる『メタ認知』に関するもの」をその一例としている。そのような意味において，アクティブ・ラーニングとしての算数的活動の充実を考える際に強調しておきたいことは，『振り返りとまとめ』である。このことは，学習の成果を自分自身で客観的に捉えることを求めるものであり，主体的で自覚的な算数的活動を促すことへとつながるものである。そして，そのような主体的で自覚的な活動こそが，そのアクティブ・ラーニングをより充実したものにすると考えることができる。

7．おわりに

本節では，協働的な学び（学び合い）における「自己認識」について検討を進めた。学び合いは「自己との対話」を前提とするものであること，他者から学ぶのではなく「他者を通して学ぶこと」が大切であること，そのためには自らの算数的活動を「振り返り，まとめること」が必要であり，そこは客体化された自己の視点からの客観的な洞察が必要となること，そのためには学習活動と自己評価とを一体化して捉える視点が必要であること，そして「学習の成果」を，『知識・

技能を獲得した自分を認識していること』とする学習・指導観について論じてきた。また具体的事例として，学習の「振り返り」と「まとめ」を分けて行う学習指導について取り上げ，学び合いによるまとめの作成が，学習者の思考をより深めることを明らかにした。

　このような算数的活動を進めることのできる能力もまた，算数科におけるアクティブ・ラーニングを通してはぐくみたい汎用的能力の一つである。そのような能力が培われていればこそ有意義なアクティブ・ラーニングを行うことができ，また有意義なアクティブ・ラーニングを進めることを通してこのような汎用的能力がはぐくまれる。それぞれが互恵的な関係にあることに，改めて留意したい。

【引用・参考文献】
佐伯胖（1995），「文化的実践への参加としての学習」『学びへの誘い』，東京大学出版会，pp.1-48.
嶋野道弘（2013），「学び合う授業づくり・その本質と方法」『初等教育資料』，2013年5月号，No.899，東洋館出版社，pp.6-11.
中央教育審議会（2012），「新たな未来を築くための大学教育の質的転換に向けて〜生涯学び続け，主体的に考える力を育成する大学へ〜（答申）」．
中央教育審議会（2015），「教育課程企画特別部会論点整理」．
二宮裕之（2002），「算数・数学学習の多様性に関する一考察：方法による多様な学習について」『日本数学教育学会第35回数学教育論文発表会論文集』，pp.373-378.
二宮裕之（2005），『数学教育における内省的記述表現活動に関する研究』，風間書房．
二宮裕之（2006），「算数・数学学習における評価とその成果に関する一考察」『日本数学教育学会誌』，第88巻第10号，pp.12-21.
二宮裕之（2007），「算数・数学教育における「メタ評価」に関する研究（2）ーパフォーマンス パラドックスについてー」『日本数学教育学会第40回数学教育論文発表会論文集』，pp.25-30.
二宮裕之・深堀由香（2008），「算数学習におけるふり返りとまとめ」『日本数学教育学会誌』，第90巻第12号，pp.11-18.
二宮裕之（2010），「算数・数学教育における学習の所産に関する研究：自分の考えを表現する算数的/数学的活動の必然性について」『全国数学教育学会誌』，第16巻第1号，pp.15-25.
二宮裕之（2011），「指導」『高等学校数学教育の展開』，聖文新社，pp.76-109.
文部科学省（2008），『小学校学習指導要領解説 算数編』，東洋館出版社．
Lave & Wenger（1991），Situated Learning, Legitimate Peripheral Participation, Cambridge University Press（邦訳：佐伯胖訳，『状況に埋め込まれた学習 正統的周辺参加』，産業図書，1997）

第2章 第2節
知識・技能・考え方の活用を目指した算数科の授業改善

松尾 七重
千葉大学

1. はじめに

　我が国の小学校算数科の授業は，歴史的に見て，多くの改善がなされて現在に至っている。その中でも数学的に考えることの重要性は変わらず算数科の学習指導の目標として位置付けられてきた。しかしながら，残念なことに，数学的に考えることが十分にできているかと言うと必ずしもそのようには言えない。このことは，全国学力・学習状況調査の結果や国際的な調査の結果等から明らかである。本稿では，数学的に考えることができるようにするための授業について述べる。特に，知識や技能，考え方をどのように活用すればよいのか，その方策について考えてみたい。

2. 数学的に考えるとはどういうことか

　平成15年10月7日の中央教育審議会答申「初等中等教育における当面の教育課程及び指導の充実・改善方策について」を受けて実施された特定課題に関する調査の項目設定において，「数学的に考える力」については，「算数的活動や数学的活動を支え，遂行するために必要な資質や能力などの総称と見る」と述べられている。特に，調査対象を以下の3つに関わる力に絞っていることから，これらが数学的に考える力の具体化と捉えることができる。
　① 日常事象の考察に算数・数学を生かすこと
　② 発展的・創造的に考えること
　③ 論理的に考えること

さらに，これらは以下のように具体化されている。「① 日常事象の考察に算数・数学を生かすこと」は児童の身近にある事象の中から，これまでに学習してきた基本的な図形を見いだしたり，図形の性質を活用して問題を解決したりすること，日常事象のいろいろな情報の中から，目的に応じて必要なものを選び，それを活用して問題を解決すること等である。

　また「② 発展的・創造的に考えること」は数量の関係を図や式に表し，その考え方を生かして発展的に問題を解決し，一般化する問題，条件を変更した問題の場面で，問題の構造を捉えて解決すること等である。例えば，これまでに学習した面積の求め方を生かして，新たな図形の面積を求めることに取り組むことが挙げられる。

　さらに「③ 論理的に考えること」は根拠となることを明らかにしたり，仮定されたことを基にしたりして筋道を立てて考える（演繹的に考える）ことや，いくつかの具体的な事例から共通したきまりを見つける（帰納的に考える）こと等である。

　以上のように，数学的に考える力を育てるための取り組みが具体化されている。その中で，今回は「② 発展的・創造的に考えること」を取り上げる。その活動を通して，知識・技能・考え方の活用を目指した授業について考えていきたい。

3．算数科授業におけるアクティブ・ラーニング

　教育課程の改善のために，中央教育審議会では，論点整理の中で，三つの柱として，育成すべき資質・能力の3要素を以下のように取り上げている。
1．何を知っているか，何ができるか（個別の知識・技能）
2．知っていること・できることをどう使うか（思考力・判断力・表現力等）
3．どのように社会・世界とかかわり，よりよい人生を送るか（学びに向かう力，人間性等）

　本節では，知識・技能・考え方の活用を目指した授業を考えるため，この2つ目に当たる「知っていること・できることをどう使う

か」に焦点化して述べていく。

　育成すべき資質・能力をいかにして学習指導するかについては，アクティブ・ラーニングという考え方が示されている。アクティブ・ラーニングとは，「課題の発見と解決に向けて主体的・協働的に学ぶ学習」のことを指す。これは，これまでに行われてきた，ある授業のように，課題が教科書に載っているからという理由でその課題が授業に導入されたり，唐突に課題が出されて授業が始まっていたりするような授業とは異なるスタイルで授業が行われることになる。主体は子供であり，たとえ問題が与えられていたとしても，子供が自らの課題として受け止めて解決に向かっていけるように，その課題発見及び課題解決の場面を充実させなければならない。また，それらについて，他の人とともに取り組んだり，他の人の考え方を知ってそれについて考えたり，他の人と一緒に考え合わせて新しいことを発見したりすることが目指されている。これらのことを行うためにはどのようにしたらよいのか。本稿では，特に，知識・技能・考え方を活用することを目指した授業に焦点を当てて述べていきたい。

4．思考力・判断力・表現力の育成

　思考力・判断力・表現力の育成が叫ばれてから久しいが，この育成は十分であるとは言い難い。これは全国学力・学習状況調査のB問題等の結果から判断できることである。特に思考力はその重要性を皆が認識しているにもかかわらず，それについての子供の実態がよく見えないこともあり，指導及び評価の面において十分に行われていない。

　言語活動の充実が謳われた際に，思考力・判断力・表現力等の育成のための学習活動として，以下が提案されている。
① 体験から感じ取ったことを表現する
② 事実を正確に理解し伝達する
③ 概念・法則・意図などを解釈し，説明したり活用したりする
④ 情報を分析・評価し，論述する
⑤ 課題について，構想を立て実践し，評価・改善する
⑥ 互いの考えを伝え合い，自らの考えや集団の考えを発展させる

この⑥について言えば，互いの考えを伝え合う活動を通して，それぞれの考え方を発展させていくことを意味している。そのために，どのような考えを伝え合い，どのように考えの発展を行えばよいか考えていかなければならない。
　思考力は知識や技能とは異なり，説明して教えるものではない。数学教育では，思考力は事象を数学的に捉えて問題を設定し，解決の構想を立てて考察していく過程で育まれる。このことは⑤と関連が深い。したがって，このプロセスを体験する学習指導を考えることが必要となる。そのための方法としては，以下の３点が重要である。
　第一に，習得・活用・探究という学習プロセスの中で，課題発見・課題解決を念頭に置いた深い学びの過程を実現することである。このために，習得・活用・探究という学習プロセスを，一つの単元内で，あるいは，ある学年内の複数の単元を通じて，複数の学年にわたって設定していくことで，その過程で問題を見つけて解決する体験を可能とすることができる。これまでは，一単位時間の中でその学習プロセスを考えていくことが多かったが，このような短期間のプロセスだけでなく，これからは長期間にわたって，そのプロセスを通じて学習指導や評価を考えていくことが必要となる。
　第二に，他者との協働や外界との相互作用を通じて，自らの考えを広げ深める，対話的な学びの過程を実現することである。個別に学んでいて，その後で，他者と関わり，自分の考えを他の人に伝えたり，あるいは，他の人の考えを聞いて自分の考えと比較したり，自分もその考えを取り入れていきたいと考えたりしていく。ここでの重要性は，個人の解決等を確実に位置付けるとともに，それにとどまらず，他者との関わりの中で，自分の考えをよりよいものにしたり，他者との協働により，よりよいものを見つけたり作ったりしていくことになる。
　第三に，子供たちが見通しをもって粘り強く取り組み，自らの学習活動を振り返って次につなげる，主体的な学びの過程を実現することである。このためには，まず見通しをもてる工夫が必要となる。これまでに既習を確認したり，ノートやワークシートを見返したりして行う見通しのもち方が議論されてきたが，十分に実現されているとは言

い難い。したがって，これを充実させることを考えていかなければならない。また，粘り強さは数学教育だけで育まれるものではない。問題等に真剣に向き合い，あきらめないで解決し続ける力を高めるための指導の工夫を，他教科を含めて日々の授業で行うことが重要である。さらに，自分の活動を振り返ってみることの重要性はこれまでにも指摘されているが，言うは易く行うは難しで，十分な達成には至っていない。そのための方策を考えることが大切である。この場面を体験させ，繰り返し行えるようにすることも重要であろう。

以上より，アクティブ・ラーニング（課題の発見と解決に向けて主体的・協働的に学ぶ学習）の趣旨から考えて，自立的協働的に行い，主体的に取り組めるようにする学習が重要であることがわかる。したがって，単なる話し合いや人との関わり合いを取り入れても意味がない。子供が自分で問題と向き合う場面，それを踏まえて他人と共に考えていく場面，それを振り返って考える場面等が必要である。これらの場面を設定して進める授業を考えていく。一人で考えるだけでなく，他人と関わり，それが本人の，そして他の人の，社会のためになることを目指している。

本稿では，次期改訂での小学校算数科における数学的活動の示し方やそこでの具体的な取り組みに期待されていることから，習得した知識・技能・考え方を活用できるようにすることの重要性を考慮して，習得・活用・探究までのプロセスを体験することを通じて行う学習指導について述べていこう。

5．習得から探究までのプロセス

先に述べたように，習得した知識・技能・考え方をいかに活用していくかが重点になるが，ここでは，そのプロセスを示してみよう。

例えば，第4学年で行う，複合図形の求積を取り上げる。長方形や正方形の面積の求め方，公式づくりを終えて，その後で，複合図形の面積を求める学習を行うことになる。この授業は長方形や正方形の面積の求め方や公式に当てはめて計算する仕方としての知識や技能を活用する場面として位置付けられるが，この授業では，どのようにして

面積を求めるかという求積方法の根底にある様々な考え方が習得すべき内容ともなる。そのような考え方を身に付けて，別の場面で活用することができるようにする。例えば，第5学年の台形の求積については，複合図形の求積で習得した考え方を活用することができる。さらに，これらの考え方の根底には，既習の図形に分割してそれぞれの図形の求積を考えて，その後，面積を総合する方法，分割した図形を別の図形に構成し直す方法，補充して既習の図形に変え，その後，補充した部分を取り去る方法，倍積変形する方法等があることから，既習の図形に構成し直す方法を考えて面積を求めればよいとまとめることができる。このような求積方法を様々考えて，他の場面にも適用できるようにしてまとめておくということは探究の場面に相当すると言えよう。これは複数の学年にわたって，習得・活用・探究を行うプロセスを体験することができることの例となる。様々な考え方を一人で考えることもできるが，それにとどまらず，他者の考え方を知り，自分の知らなかった考え方に気付いたり，自分の考え方を他者に紹介したりすることで，互いの考え方の特徴を知り，それらをまとめ上げることで，さらにいつでも成り立つ考え方を探究していくことができる。

　このような学習の特徴は学びの連続性に起因すると考えられる。篠原（1979）によれば，教育活動は次のようにして完成するという。

　　「純粋に現在の滿足を求める時代から，現在と未來の關係を意識し得る時代に次第に發達し，之に伴ひ，未來に關係ある活動が同時に現在の滿足となり，未來への關心と現在の滿足との二者が完全に交入するの度に應じて教育活動は次第に完全となる（p.196）」

　このように，教育の完成を見るには，現在の学びに将来を目指して行う授業のあり方が重要であるという。現在の学びは先の学習とつながっており，それを見据えて学習指導を行う必要性が述べられている。本時のねらいの達成にとどまらず，将来とのつながりを重視した授業のあり方について考えていくことで，先の場面で現在の学習内容の活用を促すことができると考える。習得して身に付けた内容をどのようにして使うかということを予想しておくことが重要である。実際に使うこと，使った内容を発展させて，一般性を見いだすことなどは活用してみてその後に引き続き考えようとする場面で行われる。この

ように活用から探究までのプロセスは将来の学びを見据え,現在との関係性に配慮した学びのあり方であると言えよう。

6. 活用したことのよさを感得するための場面の重要性

　先に述べたように,活用し,探究することまでを体験でき,それを複数の単元を通して行うことができれば,それは理想的な姿であろう。しかし,そうなるためには,教師が場面を設定して,その中で子供たちに体験させればよいというものではない。子供が自ら活用していけるようにしなければ,自ら活用を続けていくことは難しいであろう。子供が主体的に活用していこうと考え,実際に活用していくことが必要となる。そのためにはどのようにしたらよいのだろうか。

　それは活用したことのよさを感得できるようにすることである。以前習得して身に付けたことがうまく活用できるとわかれば,活用したことのよさを感じ,また活用しようとするのではないだろうか。したがって,活用できたことを自覚させるために,活用をテーマとした話し合い等を意図的に設定することが必要である。さらに,その話し合いにとどまらず,授業のまとめの場面でも活用のよさがわかるようにすることが重要である。例えば,先の例のように,台形の求積公式づくりの場面では,複合図形の求積公式を求める場面で扱った考え方が活用できていたら,それをまとめの場面でも取り上げるようにする。複合図形でも台形でも,分割して既習の図形の形に構成し直すことができれば,求積できること,さらには,そのような求積の場面で,過去に取り扱った考え方を使って考えている人の例を取り上げるなどして,その活用のよさに言及することができるだろう。

7. 具体例

① 単元内での習得から探究までのプロセス:第3学年のわり算の筆算
　ここでは,3年生のわり算の筆算について取り上げよう。わり算の筆算は以下のように導入される。72÷3について考える場合,10の束とバラに分けて,10の束について,わり算し,残りの束とバラを合わ

せて12÷3として，答えを求める方法を考えることになる。

例）わり算の筆算

ここでは知識及び技能として，わり算の筆算の仕方を身に付けることになるが，それにとどまらず，2桁の数を束とバラに分けて考え，各々についてわり算をするという考え方が用いられていることがわかる。これらの知識・技能・考え方を活用していきたいと考える。この知識・技能・考え方は単元内の練習問題を扱う場面でも活用される。

さらに，割る数が3桁に増えても同様に計算すればよいことについても，10や100の束とバラに分ける考え方を使っているのである。このようにして考え方を活用できることになる。また，学習を振り返って，桁が増えても同様にして計算できるということに気付けば，探究まで達していると考えられる。したがって整数であれば，どのようなわり算の筆算にも対応できる力が身に付いていると言えるだろう。

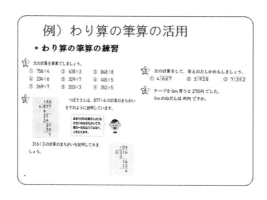

② 同学年内での習得から探究までのプロセス：長さとかさの測定

ここでは，第2学年の量と測定領域の「長さ」と「かさ」の単元における例示をしてみよう。第2学年では，長さの普遍単位としての1cm及び1mmが導入される。長さの比較をして，どちらがどれだけ長いかということを表すために，自分の持っている鉛筆やクリップなど身近な任意単位で表して比べる。それだけでは満足せず，多くの人々の間でその比較ができるようにするために，普遍単位が必要であるとして，共通単位の必要性に気付き，それを基に測定をしていくことを学ぶ。この単元では，長さの測定についての知識と技能を身に付けることと同時に，単位を決めてそのいくつ分かを考えることで，様々なものの長さを数値で表すという考え方を学ぶことができる。

以上の考え方を活用する場面は，同じ学年に位置付けられている「かさ」の測定場面である。かさは量としては，長さとは全く別の量であるが，これを比較する際にどのようにすればよいかと考えることである。長さの測定のことを思い出し，みんなに共通にわかる単位を決めてそのいくつ分かでかさを測定したらどうかと考えていくことができるだろう。ここでは，長さの測定場面で用いた考え方を活用している。こうした子供のアイデアを聞いて，教師は1Lや1dLを導入することができる。さらに，長さやかさで学んだ考え方を基にして，何か普遍単位を決めてそれを基にして広さなどの他の量を数値化し，その数値によって比較するという活動を思いつくことができれば，これは探究に達しており，同じ学年の中で，習得・活用・探究という学習プロセスを体験することができることになる。1人の担任教師がそのプロセスを設定して授業を計画できる例となる。

③ 複数学年間を通じた習得から探究までのプロセス：図形の面積

ここでは，複数の学年間で，習得・活用・探究のプロセスを経験することについて取り上げよう。先に挙げた求積の例を基に考える。

複合図形の求積を考える場面では，次のような方法が取り上げられるだろう。分割，分割＋再構成，補充＋除去，倍積変形である。考えを発表し合ったり協働で考えたりする場面が位置付けられる。

　この後，同様な適用問題（例えば，凹型など）を用いて解決することもあるだろう。こうして子供たちは複合図形の求積で身に付けた考え方を基に，第5学年で学ぶ四角形の求積の学習を行うことになる。

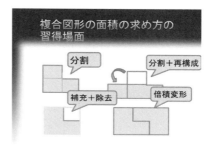

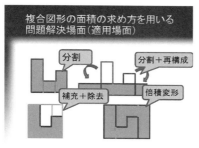

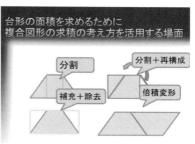

　したがって，この求積の単元はこれまでに身に付けた様々な知識・技能の他に，考え方を活用する場面として位置付けられる。これは複合図形の場合に用いた考え方と同様な考え方を使って問題解決をすることができる場面に相当する。子供たちが求積の問題解決において，複合図形の場面を思い出して，その考え方を用いていたら，これは素晴らしい。活用の自覚ができた状態と言えるのではないだろうか。互いにそのことを話し合えれば，複数の考え方を活用する場面ともなるだろう。

　さらに，これらを基に一般的に面積を求める方法を，学習を振り返ってまとめ上げ，様々な場合に適用してみようと考え，適用できればよい。例えば，五角形の面積を求める場合，分割してできた図形を既習の公式等を利用して求め，その総和を計算する方法，分割してできた図形を組み合わせて既習の図形にし，その公式を利用して面積を

求める方法，補充することで新たな図形を作成し，その公式を利用して面積を求め，補充した部分を除去する方法，さらに，五角形を複数組み合わせて既習の図形とし，その公式を利用して面積を求め，その1つ分を求める方法がある。

これらを総合的に考えると，図形の求積には，分割，組み合わせ，補充と除去があると言えよう。どのような図形の面積を求める際にも，このような考え方を利用して求積できることがまとめられる。さらに，図形の面積は既習の求め方に帰着させて考えればよいとすることができる。ここでの活動が探究の活動と言えよう。

これらの一連の活動を振り返ることによって考えを深めることができる。自分の解答を改めて見直したり，自分の解答と他の人の解答を比べたりすることによって，考えを深められる。同様な方法で解決できる問題を見つけて解決しようとしたり，いつでも使えるように解決方法を修正したりすることもできる。

さらに，振り返ることによって活用できたことを自覚し，この後，さらに活用してみたいという気持ちをもつことができる。これは活用を促す活動となるだろう。

8．おわりに

以上の考察から，算数教育におけるアクティブ・ラーニング，つまり，自分で課題を見つけ課題解決に主体的協働的に取り組むためには，はじめは教師の指導のもとに一緒に体験し，知識・技能・考え方の活用を自覚し，そのよさを知り，その後自ら取り組むこと，そして，その振り返りを通じて広く確実に身に付け，活用できるようにしていくことが重要である。

〔引用・参考文献〕
教育課程企画特別部会（2015），資料1-1論点整理．
中央教育審議会（2015），初等中等教育における当面の教育課程及び指導の充実・改善方策について（答申）．
篠原助市（1979），理論的教育学，協同出版．

第2章 第3節
算数のよさや美しさ，考える楽しさを味わう授業が思考力・判断力・表現力を育てる特効薬

細水　保宏
明星大学

1. アクティブ・ラーニングを，授業を振り返ってみる視点として利用する

「アクティブ・ラーニング」がキーワードとして叫ばれているが，私自身は，「子供たちが主体的になる学びを創っていきたい」と常に考えてきたので，今まで算数教育で目指してきた子供像，授業像とは，ほとんど変わらないものだと感じている。

しかし，現状を見てみると，教室の子供たちの姿は必ずしもアクティブとは言えない。その原因は，確かに社会の環境や家庭教育にも深く関係しているが，日々の授業にも一因があると考えている。

例を挙げると，教師からの「いいですか？」の問いかけ。

例えば，計算練習の場面で，「25×24の答えは？」と問いかけると，「600」との声。正解が出ると，「いいですか？」「いいです！」で話が進んでいく。教室でよく見かけられる風景である。

しかし，もし，「600」の声を聞いたとき，「えっ？」「本当に？」「絶対？」と聞き返したならばどうであろう。自分の計算の仕方を振り返り，「本当です。だって，〜」と自分の計算が合っていたことを筆算を使って必死で伝えようとする姿が見られる。また，「だって，$25×4=100$だから，〜」と$25×4=100$と$24=4×6$といった数の仕組みと計算のきまりを使って説明する姿が見られる。そのときの子供たちの姿は，アクティブである。

これは，子供たちの心が動かされ，自ら動き出そうとするエネル

ギーが生まれてきたからである。その意味から言えば,「えっ?」「本当に?」「絶対?」は,子供たちの心を動かす魔法の言葉かもしれない。なぜなら,「えっ?」は,多くの場合,間違っていたときに問い返して言われる言葉で,合っていたときには言われない言葉だからである。したがって,「えっ?」と言われたならば何か間違っているのかもといった気持ちが生まれてくる。

逆に,教師からの「いいですか?」は,合っているときに多く使われる言葉であるので,教師からこの言葉が問いかけられたときは,子供たちは合っていると信じ,「いいです!」と自然に反応するようになってしまっている。

つまり,「いいですか?」の教師の問いかけが,子供たちの主体性を奪っているとも言える。

今一つ,例を挙げてみると「一話完結型」ばかりの授業展開。

一般的に,問題解決型の授業では,問題提示―自力解決―共同思考―まとめの4つの段階で授業を組み立てている。1単位時間を1つの問題で通せば,「一話完結型」授業である。教科書もこの形式でできていることが多いので,教科書の通りに展開すれば,「一話完結型」の授業となる。

一時間一時間のめあてと目標が明確に打ち出される「一話完結型」授業が強調されるのは,子供たちへのわかりやすさもあるが,教師側に立った教えやすさにも関係している。しかし,ともすると,授業の最初に教師が問題をいつも提示して始めることが当然といった算数の授業観,答えがいつも求められるもの,また答えを求めて終わりといった算数の授業観を子供たちに創り出してしまっている恐れがある。

実は,「アクティブ・ラーニング」の視点から授業を見直してみると,「あたりまえ」のように行っていることが,何のためなのかと,その背景を再度見直してみる必要性に気付く。と同時に,授業改善の方向性も見えてくる。

例えば,先に述べた「いいですか?」では,合っているか否かを判断しているのは教師であり,それが子供たちを受け身にしてしまっている。

一方,「えっ?」「本当に?」「絶対?」は,判断する側を子供たちにもたせるため,子供たちはアクティブにならざるを得ない。
　つまり,「アクティブに行動できる資質や能力を育てるには,子供たち側に判断する場をもたせること」が大切な一つの観点であることがわかる。
　一方,「一話完結型ばかりの授業展開」の例では,「連続ドラマ型」の授業展開の有効性が見えてくる。
　例えば,TVの連続ドラマを見ていると,次が見たくなったところで「続く」となる。さらに続きが見たくなるように予告編が見せられる。そして,「よし,次も見るぞ」というアクティブな気持ちにさせられる。
　算数は系統的にできている教科である。したがって,学習した先が読めることが多い。そこで,その特色を活用して,1つの問題を解決したとき,新たな問題が見えて,解きたくなる。その解きたくなっているところで学習を終える。つまり,続いて解きたくなる問題が見せられて授業が終わる,連続ドラマ型のような授業形態も取り入れるようにしたらどうだろうか。
　実際に取り入れてみると,学習の続きを休み時間に取り組んだり,家庭学習で行ってきたり,次の算数の時間に教師が行く前に既に自分自身で取り組んでいたりする姿が見られるようになる。その姿を認め褒めることで,さらにそのような方向にアクティブに動く子供が増えてくる。
　つまり,連続ドラマ型のように展開するこの方法は,一話完結型では見られない子供たちのアクティブな姿を生み出すことができる。

２．算数の授業を楽しく,魅力あるものにすることがアクティブ・ラーニングの質を高める特効薬

　「算数がおもしろい!」「算数が好き!」と言う子供たちをもっと増やしていきたい。そのために,算数のよさや美しさ,学ぶ楽しさを積極的に味わっていこうと取り組んでいく授業,「はらはら,どきどき,わくわく」といった感動がある授業,「考えることがおもしろい!」

と感じる授業を創っていきたい。そのためには，教師が，算数のセンサーを磨いていくこと，笑顔で子供たちとの授業を楽しむ心をもって授業づくりに臨んでいくことがより一層要求されてくる。

つまり，「教師一人ひとりが授業力を鍛えること」，それが一番大切である。

私は，「授業力」を4つの観点から考えている。

---
(1) 豊かな授業観をもつこと
(2) 教材研究力を鍛えること
(3) 学習指導力を鍛えること
(4) 教師の人間性

---

(1) 豊かな授業観をもつこと

まず，どんな授業をしようか，どんな子供たちに育てていこうか，その望ましい姿をもつことが大切である。それによって，教師の動き方，価値付けの仕方が変わってくる。

例えば，「この漢字は何て読むの？」と子供から聞かれたとき，すぐにその読み方を教えると子供たちの知識が1つ増える。しかし，そのとき辞書で調べようと動き出した子供を認め褒めれば，辞書へ向かう態度が育てられる。知識を1つ増やしたいのか，辞書を使いこなす子を育てたいのかによって，認め褒め方（価値付けの仕方）が変わってくる。

アクティブな子供たちにしたければ，アクティブに動き出した瞬間，その子供たちの姿を認め褒めることである。その姿は，教師が各自でもつ望ましい子供像とも結びついている。

授業観は，経験とともに豊かになっていくと考えている。では，豊かな授業観を身に付けるには，どうしたらよいだろう。

例えば，数多く授業を観ること。ただ観るだけではなく，「自分だったら」と考えながら観ること。できたら，その感じたこと，考えたことをまわりの人に発信してみて，その反応を見ながら自分自身を高めていくこと。そうすれば，授業観も豊かになる。

しかし，やはり自分自身で授業をし，自分の授業観を発信して，その反応から自分の授業観を振り返ってみることが一番の方法だと感じている。

今一つは，現時点での目指す子供像を自分なりの言葉で表してみること。これをすると，その観点から授業を見ていくことができる。

私の目指す子供像を文章化してみる。

《私の目指す子供像》
○知的好奇心・探究心，自ら学ぶ意欲，論理的思考力，判断力，表現力をもち，社会の変化に主体的に対応し行動できる子供
○自分らしさを発揮したり，その人らしさを認めたりしていきながら，自己を高めていくことができる子供
○算数のよさや美しさ，学ぶ楽しさを積極的に味わっていこうと取り組んでいく子供

---

(2) 教材研究力を鍛えること

単元，あるいは，この時間で育てたい力を明確にし，それに応じた教材を創る力が教材研究力である。

おもしろい教材が子供たちをアクティブにし，算数好きを増やすことを考えると，おもしろい教材を集めたり，教科書教材をアレンジしたりして，子供たちの心が動かされる場面を創る力が教師に必要である。

また，教材はその提示の仕方によって大きく変わってくる。算数のよさやおもしろさが味わえるエレガントな問題や，クラスの子供たちに応じたアレンジや提示の仕方の工夫が，算数の能力を伸ばし，算数好きを増やしていくことにつながる。

問題及び提示の仕方を考える上で，子供たちの心が動かされる場面を洗い出してみた（次頁図1参照）。

《心動かされる場面》

① 矛盾のある場面「あれっ，変だぞ！」
　　　　　→「はっきりさせよう！」
② 煩雑な場面「ごちゃごちゃしているな」
　　　　　→「すっきりさせよう！」
③ 手間がかかる場面「めんどうくさいな」
　　　　　→「簡単にしよう！」
④ 曖昧でわかりにくい場面「はっきりしないな」
　　　　　→「はっきりさせよう！」
⑤ 数理的に処理されている場面「なるほど！」「きれい！」
　　　　　→「なぜだろう？」「いつでも言えるのかな？」
⑥ 数量や図形の美しさが表れている場面「きれい！」
　　　　　→「なぜだろう？」「いつでも言えるのかな？」
⑦ 不統一，不完全な場面「きれいでないな」
　　　　　→「なぜだろう？」「きれいになるかな？」
⑧ 不可能な場面「できない！」
　　　　　→「なぜだろう？」
⑨ 一応の解決が図られた場面「もっとよくしたいな」
　　　　　→「もっとすっきり，はっきり，いつでも使えるようにしたいな」
⑩ 自信がない場面「もしかして」
　　　　　→「本当に正しいのかな？」
⑪ 自分の考えを主張したい場面「だって」「例えば」
　　　　　→「はっきりわかるよ」
⑫ 追究の方向が見えた場面「だったら」
　　　　　→「どこまで成り立つのかな？」
⑬ 未知の部分に踏み込む場面「はらはら，どきどきするな」
　　　　　→「どうなるかはっきりさせたいな」
⑭ 見えないものが見えた場面「へぇ～！」「なるほど！」
　　　　　→「他にも見えないかな？」
⑮「ストン！」と落ちた場面「へぇ～！」「なるほど！」「おもしろいな！」
　　　　　→「他にも言えないかな？」
⑯ 疑問に感じた場面「でも」
　　　　　→「いつでも言えるのかな？」

図1

(3) 学習指導力を鍛えること

　子供たち一人ひとりの力を的確に捉え，それぞれに応じた指導を行っていく力，それが学習指導力である。

　例えば，姿勢が悪い子供に，「姿勢が悪いよ」と注意すると姿勢がよくなる。しかし，姿勢が悪い子がいたとき，「姿勢がよくて素敵！」と姿勢がよい子を褒め認めると，姿勢が悪い子の姿勢もよくなる。そのとき，「すごい，言われなくても姿勢を直してくれた。嬉しいな」と，自分から直した姿を褒め認めると，嬉しそうな顔をして，しばらくの間，姿勢よく取り組む。

　このように，ちょっとした一言で，子供たちをアクティブに動かすことができる。これも学習指導力である。

　この力は，一朝一夕に身に付くものではない。経験が必要である。教師の立つ位置から，板書の仕方，子供との接し方，保護者への対応の仕方等も同様である。

　昔は，指導技術を「先輩から盗め」と言われたが，実際は盗めず，例えば飲み会などで，お説教のような形で先輩から教えてもらった。それは，明らかに現在の私の財産になっている。しかし，現在はその機会も少なくなってしまっている。その受け継ぎをどのようにしていくかは大きな問題である。

(4) 教師の人間性

　教育には，何より「教師の人間性」が一番重要だと考えている。子供たちとは，保護者の次に接する時間が長い。したがって，教師からの影響を強く受ける。

　授業研究会等では，ほとんど問題視されないが，笑顔，身振り，手振り，間のとり方，安心感，包容力，教室の空気を創る力等，教師自身からにじみ出ている人間性こそ，何より大切なのであると感じている。

　できるだけ豊かな人間性をもつためには，感動を数多く味わうことが必要である。例えば，読書したり，映画を見たり，美術館やコンサートに行ったりして，感動を数多く味わうこと，また，それができないのであれば，多くの人たちと語り合うことも豊かな人間性の育成

につながってくると考えている。

3. 算数のよさや美しさ，考える楽しさが味わえる授業でアクティブな子供を

　算数の授業を楽しく，魅力あるものにすることが，アクティブ・ラーニングの質を高める特効薬であると述べたが，しかし，ただ楽しく活動すればよいのではない。算数の本質に迫る，算数のよさや美しさ，考える楽しさに迫る授業を創っていくことが大切である。
　例えば，「あれっ！」「おかしい！」「なぜかな？」「へぇ～！」「なるほど！」といった「どきどき，わくわく」といった気持ちが生まれてくる場面を創ると，子供たち自らが「問い」をもち，積極的な関わりをもちながら学習を進めて，思考力を伸ばしていくことができる。同時に，そのもの，対象，友達等に関わりたいと思える場を創ると，自分の考えを表現したくなる場が生まれ，表現する力を伸ばしていくことができる。
　毎日の授業の積み重ねが，アクティブに行動できる資質・能力を育てるという観点から，授業づくりを考えてみる。

(1) 自分の立場をもたせること

　自分の考えをもつことができたならば，それが正しいかどうか知りたくなる。「わからない！」も自分の考えで，わからないことが自覚できると，わかるようになりたいと動き出したくなる。そこで，まず，自分の立場をもたせ，それをメモさせてから話し合いに臨んでいくようにすると，学習に積極的に関わっていく姿が見られる。また，振り返ってそのメモを見ることにより，自分の変容を自分自身で知ることができる。

(2) 自分の考えと比べてみる場を創ること

　多様な考えを比べてみることにより，そこによさが見えてくる。例えば，より簡単（簡潔性），よりすっきり（明瞭性），よりはっきり（的確性），いつでも言える（統一性），といった観点から比べてみる

と，算数のよさや美しさを味わうことができる。

(3) 新しいものに気付かせること
「共通なもの」「変わらないもの」「伴って変わるもの」等を見つけるといった観点から見てみると，新しいものが見えてくる。その新しいものが算数のよさや美しさであれば，算数好きがより増えてくる。

(4) 考えたくなる，表現したくなる場を創ること
「不思議だ！」「おもしろい！」と思ったことをメモし，「なぜだろう？」とそのわけを考えてみることが，考える力を伸ばし，考える楽しさを味わうポイントになる。
　例えば，「何かきまりや関係がありそうだ。どんなきまりや関係があるのだろう？」「どうしてきまりや関係が成り立つのだろう？」といつも自分自身で問いかけていくようにすると，新しいものを見つける力と考えていく態度が身に付いてくる。

(5) 考えてよかった，表現してよかったと感じる場を創ること
教師が子供たちの動きや考えを適切に価値付けしながら，算数のよさや美しさに気付かせたり味わわせたり，考えたり表現したりする活動自身が楽しいと感じられるようにしたりすると，算数好きが増えてくる。

(6) 振り返ってみる場を創ること
　学習を振り返ってみる場は，理解を深めたり，算数のよさ，考える楽しさを味わったりすることができる場になる。例えば，黒板で学習を振り返ったり，感想を書いたりする習慣を身に付けると，算数をより楽しむことができる。

(7) 問題を拡げて追究していく場を創ること
　問題が解決できてそれだけで終わってしまっては，算数の楽しさは半分しか味わえない。例えば，問題の数値や条件を変えて新しい問題を作って解いてみると，今学習した結果や解き方が使えて，活用する

よさを味わうことができる。

(8) 算数のセンサーを鍛えていく場を創ること

同じものを見たり聞いたりしていても，そこに算数的な問題があることに気付く子供と気付かない子供とがいる。これは，もっている算数のセンサーの違いと言えるものかもしれない。

そのセンサーは，生まれつきもっているものではなく，経験とともに鍛えられていくものと考えている。身の回りから算数的なおもしろさを見つけるようにしていくと，この算数のセンサーが鍛えられる。

(9)「想定外」に付き合うこと

「想定外」という言葉であるが，「想定していなかったこと」という意味ではない。「想定はしていたが，その範囲を超えた」という意味と捉えている。授業を行っていると，この「想定外」に出会うと感動することも多い。先を予想した場面でその予想が裏切られる。正にそのときこそ，子供が教師を超える瞬間であり，感動が得られる。

つまり，感動する授業を創るには，自分の考えをもたせ，その先が予想できる展開を組み，その予想を裏切る場を創ることが大切だと考えている。「想定」後の「想定外」である。

4．授業をちょっと変えてみよう！

授業をちょっと変えると，子供たちも変わってくる。教師のちょっとした一言で，子供たちの動きが変わってくる。その繰り返しが，アクティブ・ラーニングを創る。その意味から，明日からの授業をすぐに変えることができる視点をいくつか挙げてみる。

(1)「いいですか？」「わかりましたか？」の問いかけをやめる

これだけで，算数の授業は大きく変わってくる。この問いかけが，「いいです」「わかりました」といった声だけが響く盛り上がらない原因を作っている。「だったら」である。「えっ？」と問い返し，判断を子供側に委ねると，子供主体の動きに変わってくる。

(2)「えっ？」「本当に？」「絶対？」で，「だってね，〜」を引き出す

「えっ？」「本当に？」「絶対？」と聞き返すと，「だって，〜」という言葉を引き出すことができる。この「だって，〜」に続く言葉は，論理であることが多い。算数は論理を学ぶ学問でもあるので，論理を引き出すことができるこれらの言葉は，とても有効である。

(3)「はてな？」「なるほど！」「だったら，〜」で，はらはら，どきどき，わくわくする授業を創る

学習の先が読めるようになると，よりアクティブに行動することができる。「はてな？」で「問い」が，「なるほど！」で感動が生まれる。そして，「だったら，〜」で新しい問題が見えてくる。このような展開を繰り返していくことが，アクティブに行動できる資質・能力を育てる方法の一つと言える。

算数の授業をより楽しく，魅力あるものにしていこうとする教師のアクティブな情熱や動きこそ，アクティブ・ラーニングの質を高める特効薬であると考える。

第2章 第4節
思考力・判断力・表現力を育てる アクティブ・ラーニング

長谷 豊
東京都目黒区立八雲小学校

1. 思考力・判断力・表現力を育てる アクティブ・ラーニングとは

　今回の学習指導要領の改訂に際しては，育成すべき資質・能力を，「知識・技能」「思考力・判断力・表現力等」「学びに向かう力，人間性等」の三つの柱に沿って明確化し，実社会との関わりを意識した数学的活動の充実等を図っていくことが求められる。

　その中で「思考力・判断力・表現力等」に関しては，問題を見いだしたり，知識・技能を活用して問題を解決したりできるようになることを重視し，日常の事象を数理的に捉え見通しをもち筋道を立てて考察する力，基礎的・基本的な数量や図形の性質などを見いだし，統合的・発展的に考察する力，数学的な表現を用いて事象を簡潔・明瞭・的確に表したり柔軟に表したりする力を育てることが重要である。そして，総合的には数学的な見方・考え方を働かせ，算数の学習を生活や学習に活用するなどの数学的活動を通して，数学的に考える資質・能力を育成することが求められている。

　それらの力を育むためには，これまで重視されてきた問題解決学習が基本となるが，ここで改めて，問題発見，問題の設定，問題の理解，解決の計画，解決の実行，解決したことの検討，解決過程や結果の振り返り，新たな問題の発見のそれぞれの段階について振り返り，問題点を明らかにした上で，授業改善をしなければならない。その際，アクティブ・ラーニングの視点から，子供自ら問いをもち，自立的・協働的にかつそれぞれについて主体的に問題解決に取り組めるようにすることが求められるのである。

2．現在の算数授業の問題点

一般的に行われている算数授業を振り返ってみると，問題解決学習が形式的に行われ，子供たちの主体的・対話的な深い学びが実現され，数学的な思考力，表現力が育っているかと問うと疑問が残る。具体的な問題点は以下の通りである。
　○ 教材の本質が不明確のまま授業実践が行われている。
　○ １時間１時間の授業が単発で行われ，学習がつながらない。
　○ 問題解決学習が形式的に行われ，子供の問いでつながる主体的・
　　　対話的な深い学びが実現できていない。
　・教師から与える問題が，子供自身の問題になっていない。
　・形式的な話し合い活動が展開され，考えが深まらない。
　・思考過程に沿った振り返りが不十分で，まとめが知識中心となっ
　　　ている。また，学習したことから新たな問いが生まれない。

教材の本質を捉えた上で，子供の問いで繋がる問題解決学習を実現し，子供たちの「考えたい」「表現したい」「伝えたい」「使いたい」などの姿を引き出してこそ，思考力・判断力・表現力を育む授業改善となる。本章では，ここに挙げた問題点を基に授業改善の方向性について探っていく。

3．教材の本質を捉えた授業設計

算数科の大きな目標は，様々な領域の内容を系統的に学習することで「数学的な見方・考え方」を育てることにある。言い換えれば，「事象を数量や図形及びそれらの関係などに着目して捉え，論理的・統合的・発展的に考える力」を育てることである。

例えば，第５学年で異分母分数の加法・減法の学習を例に考えてみる。ここで育てたい数学的な見方・考え方は次の３点である。
　○ 異分母分数の加法・減法の計算の仕方を既習内容を基に考える
　　　こと
　○ 分数の加法・減法も整数や小数と同様に，単位の考えに基づい

て成り立っていることを捉えること
○ 分数+小数のような計算の仕方を発展的に考えていくこと

特に，類推的・演繹的に考えを進めさせ，それを図や数直線，式などの数学的な表現を使って人に論理的に説明できるようにする力を育てていくことが重要である。

4．子供の問いでつながる学習指導計画の立案

第5学年・異分母分数の加法・減法の学習で話を続けていく。

各教科書を分析すると，そのほとんどの学習指導計画が右のようになっている。

確かに，異分母分数の加法・減法の計算ができるようになるためには，大きさの等しい分数を見つけたり，通分や約分ができるようになったりすることは必要である。

○大きさの等しい分数
↓
○通分・約分
↓
○異分母分数の加法・減法
【一般的な指導の流れ】

しかし，このような学習指導計画では大きさの等しい分数，通分や約分を学習する必要感がないため，子供の中に問いは生まれず，学習がつながらない。そこで，例えば次に示したような学習指導計画を立案し，子供の問いでつながる学習を展開したい。

○子供の問いでつながる単元学習指導計画【5年・分数のたし算・ひき算】

ねらい	主な学習活動	問いでつながる児童の主体的な姿
第1時 数直線を用いて大きさの等しい分数を見つけ，異分母分数の加法ができるようにする。	1．同分母分数同士の加減や小数の加減の仕方を振り返る。 $\frac{1}{2}$ mのリボンと $\frac{1}{3}$ mリボン合わせると何mになりますか。 2．問題を捉え，問いをもつ。 3．既習と未習を比較し，解決の見通しをもつ。 4．数直線を使って，大きさが等しく同じ分母になる分数をつくる。 5．$\frac{1}{2}+\frac{1}{3}$ mの計算の仕方をまとめ，新たな問いをもつ。	あれ，分母の違う分数のたし算はどうすればできるかな。 大きさを変えずに，分母をそろえれば計算ができるんだね。 数直線を使わないで，大きさの等しい分数を作る方法はないかな？

第2時 大きさの等しい分数の分母同士，分子同士の関係を捉える。	1. $\frac{1}{2}$と同じ大きさの分数をあつめる。 $\frac{1}{2}$と大きさの等しい分数の分母同士，分子同士にはどんな関係があるか調べましょう。 2. 問題を捉え，問いをもつ。 3. $\frac{1}{2}$ $\frac{2}{4}$ $\frac{3}{6}$ $\frac{4}{8}$の分数を見比べて，分母同士，分子同士の関係を捉える。 4. 他の分数でも同じ関係になっているか調べ，まとめる。	大きさの等しい分数では，分母同士，分子同士の関係はどうなっているかな？ 分母，分子に同じ数をかけても割っても分数の大きさは変わらないんだね。 このきまりを使えば，分母の違う分数のたし算やひき算も簡単にできそうだ。
第3時 通分を知り，通分を使って異分母分数のひき算ができるようになる。	$\frac{2}{3}$mの赤のリボンと$\frac{3}{4}$mの青のリボンではどちらがどれだけ長いでしょうか。 1. 問題を捉えて，問いをもつ。 2. $\frac{2}{3}$と$\frac{3}{4}$を同じ分母で大きさの等しい分数に直し，大きさ比べをする。 3. 通分の意味と通分の仕方をまとめる。 4. 通分の練習をする。 5. 正しく立式し，$\frac{3}{4}-\frac{2}{3}$の計算の仕方をまとめる。	どちらが大きいかわからないと式が立てられないな？ 同じ分母で大きさの等しい分数に直すには，分母の公倍数を使って考えればいいんだね。 通分を使えば，分母の違う分数のたし算，ひき算もできるね。
第4時 異分母分数の加法・減法ができるようになる。	分母の違う分数のたし算，ひき算の練習をしましょう。 1. 問題を捉え，解決の見通しをもつ。 2. 例題を使って，異分母分数の加法・減法の計算の仕方を確認する。 3. 分数のたし算，ひき算の計算練習をする。	分数のたし算，ひき算をやってみたいな。 $\frac{1}{6}+\frac{1}{3}$の答えは，どう表せばいいのかな？ $\frac{9}{18}$？ $\frac{3}{6}$？ $\frac{1}{2}$？

		4．約分が必要な問題を提示し，新たな問いをもつ。 5．約分の意味を知り，計算の結果はふつう約分して一番小さな分数で表すことを知る。	約分は，どうやってやればいいのかな？
第5時 約分の仕方を考え，約分ができるようになる。	$\frac{12}{20}$の約分の仕方を考えましょう。 1．問題を捉え，問いをもつ。 2．約分の仕方を考え，発表する。 3．約分の仕方をまとめる。 4．約分の練習をする。	同じ大きさの分数で，分母を小さくするには？ 約分するときは，分母と分子を同じ数で割ればいいんだね。 約分がある計算はどうやってやればいいのかな？
第6時 約分がある場合について，異分母分数の加法・減法ができるようになる。	$\frac{1}{6}+\frac{3}{8}$の計算の仕方を考えましょう。 1．問題を捉え，問いをもつ。 2．計算の仕方を考える。 3．通分の仕方によって，約分する場合とそうでない場合があることを知る。 4．約分のある場合の真分数同士の異分母分数の加法，減法の計算の仕方をまとめる。 5．異分母分数の加法，減法の計算の計算練習をする。 6．新たな問いをもつ。	この計算は約分があるのかな？ 約分が必要な場合は，必ず約分して答えを表すようにするんだね。 次は帯分数の計算もやってみたいな。

以下省略

5．子供が主体的に学び思考力・表現力が育つ授業づくり

　では，形式的な問題解決学習から脱却し，子供たち自らが，自立的・協働的に学び，思考力・判断力・表現力が育つ授業づくりはどのようにすればいいのだろうか。ここでは，1年「図を使って考えよう」を例にして考えてみる。

(1) 教師の与える問題から自分の問題へ

算数授業では，多くの場合「今日はこの問題を考えましょう」という教師の問題提示で始まる。確かに既習事項を問題として捉え，自力解決が始まれば，学習の主体は一見子供となる。しかし，それは本当に主体的な学びと言っていいのだろうか。教師が投げかけた問題にかかわり，自ら問いをもち，自分の問題として捉え，自ら「考えたい！」「解きたい！」という意識で問題解決が始まってこそ，真の主体的な学びの姿となる。そこで，次のような工夫を行いたい。

① 学習のねらいに迫る『問い』を引き出す教材を作る。
② 問題の提示の仕方の工夫をしたりする等「しかけ」を作り，子供の『問い』を引き出し，教師が与える問題から，子供自身が追求したい問題への転換を図る。
③ 引き出した『問い』を解決の見通しにつなげる。

では，1年の「図を使って考えよう」の授業場面に沿って考える。

【授業のねらい】
○ 場面を図に表して問題の構造を捉え，正しく立式して問題を解くことができる。

本授業では，いきなり問題文を提示するのではなく，まずサザエさん一家がトンネルからトンネルに移動する様子を速い動きで実演して見せ，その直後に「サザエさん一家は全部で何人いたかな？」と問いかけた。すると子供たちは，「えっ？」「もう一度見せて！」などの声があがった。そこで，教師は再度見せることはせず，考えるヒントを与えることを告げ，問題を一文ずつ提示した。

最初に提示した文……「サザエさんの前には3人います」
次に提示した文………「サザエさんのうしろには5人います」
二文目を提示した瞬間、数人から「わかった！」の声があがった。その後「全部で何人いるでしょうか」という三文目を提示し、何人だと思うか予想を一斉に表現させた。

すると答えの予想が「8人」「9人」に大きく分かれ「8人なのか、9人なのか、本当はどちらなのだろうか？」と子供に問いが生まれたのである。そして、一部の子供から「わけが言える」「わけが言える」という声があがり、子供たちの問題解決が始まったのである。このように、はじめは受け身の子供たちも、「問い」が生まれた瞬間に自らの問題となり、「考えたい」「説明したい」と主体的な問題解決につながっていったのである。

(2) 数学的な表現を導く主体的な自力解決へ

教師が、様々な学習場面で「ブロックを使って考えてみましょう」「図をかいて考えてみましょう」と投げかけるときがある。しかし、どんな場面でも、子供にとって表現することの必要感がなければ表現したいという意欲もわかないし、表現することのよさも感じない。そこで、ぜひ数学的な表現を使いたいと思えるような場面を作ることが重要となる。ここでは、「8人なのかな、それとも9人なのかな」と困惑した状態を作ることで、子供から自然と「先生、図をかいていいですか」という声があがり、子供自らが図、式などの数学的な表現を使って問題解決が進んでいったのである。

(3) 深い学びへつながる主体的・協働的な話し合い活動

　自力解決後の話し合い活動は，ともすると考えの発表会になったり，一部の児童の発言で授業が進められたりすることが少なくない。また，多様な考えを順々に発表させ，単に紹介するだけでは，なかなか考えを深めたり，高めたりすることにはつながらない。

　そこで，多様な考えを検討する際には，友達の考えにかかわりをもたせて，多くの子供に主体的に話し合いに参加できるようにしかけていく。その際教師は，目的を明確にした子供の話し合い活動の舵取りをすることが重要となる。さらに教師は，一部の子供の発言を安易に肯定せずに，「えっ？」「本当？」「絶対？」などと問い返し，一人の考えを再度全体に返し，理解を深めたり，よりよい考えを追求できるようにしたりしていく。主体的・対話的な学びを通して論理的，統合的，発展的に考えが深まるようにしていきたい。ここでの授業改善のポイントは次の通りである。

1．みんなが主体となるための話し合い活動の仕方を工夫する。
　例・式，図だけを提示するなどして他の子供に考えを発表させる。
　　・リレー方式にして，子供同士で発表をつなげていく。
　　・ある子供の考えが他の子供にわかるようヒントを出させる。
　　・教師自身が，違う考えや誤った考えを主張し，子供たちの心を揺さぶる。
2．話し合いの目的を明確にして子供に伝えるとともに，教師が目的に沿った話し合い活動を実現するための舵取りを行っていく。
3．子供の発言に「えっ？」「本当？」などと問い返して，子供の「だって……」「わけは……」を引き出し，考えを深めたり高めたりする。
4．子供の素晴らしい発言を逃さず，価値付けていく。
　　　例　○論理的な説明　「わけは……」「なぜかというと……」
　　　　　○簡潔「〜は簡単だ」　　○明瞭「〜はわかりやすい」
　　　　　○的確「はっきりわかる」　○一般性「いつでも使える」

ここでは，まず8人と考える子供の考えから話し合いを始めた。ある子供が図をかいて自分の考えを説明した後，教師が「問題に合っているし，8人でいいよね？」と揺さぶりをかけた。すると子供たちの中から「足りない」「足りない」の声があがった。そこで，「足りない？」「どういうこと？」と問い返すと多くの子供から「説明したい」「前に出ていいですか」の声が……。そこで，子供たちに説明をゆだね，リレー方式で考えを説明させていった。子供たちが次々と黒板の前に出て，図を修正したり，言葉を使ったりして，全部で9人になることを説明していった。

　次に「先生，式にできます」という声をきっかけに，式表現をさせたところ，まず「3＋5＋1＝9」という考えが発表され，式の読みを通してその子供の考えを全体で追求させた。すると，ある子供から「それもいいけれど，3＋1＋5の方がもっといいと思います」という発言が出された。そこで「それってどういうことかな？」と全体に問い返すと，「3＋1＋5＝9のほうがこのお話にあっているからわかりやすい」ということが子供の声から出されていったのある。さらに，「他にも式があります」という声があがり，4＋5＝9と考えた子供の式を考察し，4＋5の4は前の3人にサザエさんを加えた3＋1であること，つまり4＋5は（3＋1）＋5であることを捉えさせた。すると子供たちは「それなら3＋6＝9（サザエさんにうしろの5人をたす考え）でもいいのではないかと考えを広げ，最終的にはどの式も3＋1＋5＝9と同じ考えになることをまとめていったのである。

(4) 学習の過程を振り返り，次の学習へ

まとめの段階では，教師の思いだけでまとめをするのではなく，子供たちの思考に沿って学習してきたことを振り返るまとめをし次の学習につなげていくようにしたい。その際の授業改善のポイントは次の通りである。

1．子供の思考過程に沿った振り返りをし，改めてそれぞれの考えのよさを価値付ける。
2．学習感想を活用し，子供自身に学習のまとめをさせる。
    ・はじめてわかったこと
    ・友達の考えを聞いてなるほどなあと思ったこと
    ・次に学習したいこと　　など
3．新たな「問い」を引き出すしかけを作り，発展的に学習を進めたり，次の学習につなげたりする。

本授業のまとめでは，まずサザエさん一家の絵図をトンネルから出し，絵と問題文と図と式が一致していることを確認した。そして子供たちの思考過程に沿って学習を振り返り，図や式に表すよさをまとめた。その後，学習したことを活用して適用問題を解決する活動を取り入れた。その際，答えを求める問題ではなく，「どうしてそうなるか，図などを使って説明しましょう」と投げかけた。そのことにより，本学習で学んだ考え方の理解をより一層深めることにつながるのである。本授業においては，学習内容から新たな問いを引き出すしかけは行わなかったが，学習内容によっては子供自身が学習したことから，発展的に学習を広げたりできるようにしていくことも重要となる。

6．思考力・表現力を伸ばすノートづくり

思考と表現は表裏一体のものである。したがって，考えたことを書いたり，話したりすることで考えがより一層深まっていく。そこで，授業内での発言と同様にノートづくりが重要となる。1時間1時間の思考の流れや友達の考えなどがわかり，新たな場面で活用できる子供

一人ひとりのオリジナルなノートづくりを心がけたい。
　また，ノートづくりをさせる上では，板書が大きな役割を果たす。ぜひ板書計画の充実も図りたい。

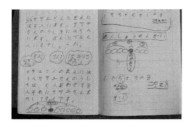

【本学習におけるノート　1年・図を使って考えよう】

【本学習での板書】

7．まとめにかえて

　思考力・判断力・表現力を育てるためには，問題解決学習の実践が不可欠である。しかし，まだまだ日常の授業は，知識・技能中心の教師主導型の授業が多かったり，本章で述べてきたように，問題解決学習が形式的に行われ，子供の主体的・対話的で深い学びが実現できていなかったりする実態もある。子供の心が揺れ，問いでつながる真の問題解決学習を実現していけるよう今後も，教材の本質を捉えた上で不断の授業改善に取り組んでいくことが重要である。

第2部
育成すべき資質・能力をはぐくむ授業改善

第3章
学びに向かう力を育てるアクティブ・ラーニング

第3章 第1節
数学のよさに気付き,思考や行為を改善し続ける態度をはぐくむ

清水　美憲
筑波大学

1．はじめに

　新しい教育課程では，育成すべき資質・能力という観点から，学校教育のあり方，各教科の目標や指導内容が見直されている。算数科においては，数学的な見方・考え方を働かせ，算数の学習を生活や学習に活用するなどの数学的活動を通して，数学的に考える資質・能力を育成することが求められている。

　この育成すべき資質・能力の第三の柱が，「学びに向かう力や人間性等」である。算数の学習場面に引きつけて具体的に考えてみると，特に重要なのは，子供たちが数学のよさに気付き，算数の学習を生活や学習に活用したり，学習を振り返ってよりよく問題解決したりする態度を養うことである。このような態度の育成は，1時間の授業で達成できるものではなく，日頃の指導をこの立場から見直し，学年間の関連，子供の成長を視野に，算数科全体を通じて目指すべきものである。

　算数科におけるこの「学びに向かう力や人間性等」については，算数で育成されるべき重要な態度として，次のような事項がある。

- 数量や図形についての感覚を豊かにするとともに，数学的に考えることや数理的な処理のよさに気付き，算数の学習を進んで生活や学習に活用しようとする態度
- 数学的に表現・処理したことを振り返り，批判的に検討しようとする態度
- 問題解決などにおいて，よりよいものを求め続けようとし，抽象的に表現されたことを具体的に表現しようとしたり，表現され

たことをより一般的に表現しようとしたりするなど，多面的に考えようとする態度

　問題解決を通して学習が進むことが多い算数科では，問題を見いだし，それを解決することが学習の中心になる。この点から見ると，上のような態度の育成は，よりよく問題解決を行おうとする資質・能力の育成であるとも見られる。本節では，このような資質・能力をいかに育てるかについて，学習指導において押さえておくべき事項を考えてみる。

2．主体的・対話的で深い学びを通してはぐくむ学びに向かう態度

　算数科におけるアクティブ・ラーニングのポイントは，「主体的な学び」「対話的な学び」，そして「深い学び」という3つの視点から，子供の思考が能動的かつ積極的に働くような学習過程をいかに実現するかということにある。このような学習過程を実現するために，考慮する点は以下の通りである（文部科学省，2016）。

　○ 児童自らが，問題の解決に向けて見通しをもち，粘り強く取り組み，問題解決の過程を振り返り，よりよく解決したり，新たな問いを見いだしたりするなどの「主体的な学び」を実現することが求められる。

　○ 事象を数学的な表現を用いて論理的に説明したり，よりよい考えや事柄の本質について話し合い，よりよい考えに高めたり事柄の本質を明らかにしたりするなどの「対話的な学び」を実現することが求められる。

　○ 数学に関わる事象や，日常生活や社会に関わる事象について，「数学的な見方・考え方」を働かせ，数学的活動を通して，新しい概念を形成したり，よりよい方法を見いだしたりするなど，新たな知識・技能を身に付けてそれらを統合し，思考，態度が変容する「深い学び」を実現することが求められる。

　算数科における従来の問題解決型の授業においても，問題解決を通してこのような学びを行うことが意図されており，既に各学校で取り組まれていると考えられる。実際，「問題解決」（problem solving）

は，字義通りには「問題を解くこと」であるが，教育学において，一定の価値を込めて用いられる。「問題解決学習」は，学習者が進んで問題を捉え，その問題に主体的に取り組んで解決していく学習を促す教育方法の一形態である。

「資質・能力」の視点から教科の目標や内容を見直すこの機会に，子供にとっての「主体的な学び」「対話的な学び」「深い学び」が実現できているかどうかについて，改めて確認しつつ一層の充実を求めることが重要である。

さらに，算数科の学習を通して育成を目指す資質・能力と，その資質・能力をいかに評価するかという事柄の関係も十分に踏まえた上で指導計画等を作成する必要がある。

3．算数科の授業を通して学ぶ学びの習慣

近年，習熟度別の学習や少人数指導など，算数科授業で指導法の工夫が盛んに行われるようになり，一斉授業を中心とした従来の指導形態が多様化しつつある。そのなかで，これまで大切にしてきた事柄の一部が，見えにくくなっているように思われる。算数科の学習を通して子供たちに学んでほしい事柄を，改めて点検しておく必要はないだろうか。なかでも，算数の授業を通して子供たちに身に付けてほしい「学びの習慣」に目を向けておく必要がある。

2年生のある子供が，7＋26の答えを筆算で求めようとして，26の「2」の上に7を書いて計算を始めた。この子供は，自分の計算が合っているか不安になって，隣の子供の答えを見ると「33」で，自分の答えと違っている。比べてみると，式を縦書きにするときに間違えていたことがわかった。

授業では，続いて2位数同士のたし算を含む文章題を解いた。この学習の中で，この子供は，答えが出たら確かめたほうがいいし，そのためには友達の方法と比べてみるのもいいことを知った。また，文章題を解くためには，出てくる重要な数値に下線を引いておくと見やすいこともわかった。

2位数同士のたし算の筆算は，「数字の場所が数の大きさを示す」

という原理に基づいて行う。だから，2数の位をそろえてから各位の数をたさなければならない。10進位取り記数法の原理が，筆算の支えになっていることを理解しておかなければならない。

　算数の授業で，子供たちは，このような筆算の方法とその根拠となる記数法の原理のように，算数の内容そのものを学ぶ。しかしそれと同時に，その内容の学習を通して多くの事柄を学んでいる。問題解決のために知っておくとよいこと（方法知），学級の仲間と学ぶ授業での心構えなど，いろいろな事柄を学んでいる。「学びに向かう力や人間性等」という観点から算数の学習のあり方を考える場合，このような学びの習慣に目を向けることが必要である。

　算数の授業で大切にしたい学びの習慣には，問題に取り組む姿勢や考える姿勢に関わるものがある。例えば，粘り強くじっくり考える姿勢，答えが出たら終わりではなく，その「わけ」を大切にしようとする姿勢である。これらは，子供たちにどんな学習者になってほしいと考えるかということと表裏一体の関係にある。

　また，一応答えが得られたら振り返ってみて確かめること，別の解き方を考えてみること，そしてできれば，より簡単な方法，わかりやすい方法を探してみることなど，問題解決者としての資質に関わる姿勢が大事である。問題が解けたら次にどんなことがわかるかと，発展的に考えようとする姿勢も大切である。

　一方，授業のなかでは，学級の仲間の意見に真摯に耳を傾けること，自分の考えを丁寧に説明して根拠を明確にすることなど，仲間と共に学ぶ姿勢に関わる「規範」（価値付けられた教室のルール）も大切にしたい。

　このように，算数教育で従来から大切にされてきた「数学的な考え方」の育成に関わる側面と，学級でのコミュニケーションを大切にして仲間と共に学び合うことに関わる側面の両面から見て学びの習慣を大切にしたい。

4．学びに向かう力と数学的な思考の習慣

　算数に固有な学びの習慣形成は，中学校での数学の学習への橋渡し

のためにも大切である。分数の除法が「いつでもできる」(有理数の範囲で除法が常に可能なこと)の有り難みを知ると，整数の範囲で減法がいつでもできるようにするために負の数が必要なのもよく理解できるであろう。

これからの授業では，算数科だからこそ身に付く思考の習慣や，算数科だからこそ価値を置きたい「ものの見方や考え方」，そしてそれらを支える規範を大切にしたい。

そのためには，<u>この</u>授業を通して，また<u>この</u>教材を通して，どんな力を付けてほしいのか，どんな習慣を身に付けてほしいのか，そのためにどのような姿勢で学んでほしいのか，と問うことが必要である。指導法の議論のみに終止せず，授業と教材を常にこのような問いに晒し，教材観と指導観を研ぎ澄ましておくことが大切である。

算数の学習を通して子供たちに身に付けてほしい習慣のなかに，数学的な「思考の習慣」がある。これは，数学らしくものを考える際の個人の傾向（disposition）のようなものである。

ゴールデンバーグら（Goldenberg et al, 2003）は，子供たちに身に付けてほしい数学的な「思考の習慣」に，次の5点を挙げている。

● 言葉の意味をよく考える
● 主張を正当化し推測を確かめる
● 合意したことと論理的帰結を区別する
● 答え，問題，解決方法を分析する
● 問題解決の方略を探して使う

このうち，特に，第4の習慣「答え，問題，解決方法を分析する」には，子供たちが「問題をいろいろに変えてよいものにする」ことが含まれている。この「問題をいろいろに変えてよいものにする（Tinkering with the problem）」は，問題を解いて答えを確かめるだけではなく，問題自体を「動かしてみる」ことの大切さについての指摘である。

例えば，15873×7を計算しなさい，という単純な計算問題も，問題を動かしてみると違って見えてくる。計算してみると，15873×7

＝111111となって，なぜか1が6つ並んで不思議である。実際には，111111を素因数分解してみると，3×7×11×13×37となって，111111をつくる15873×7以外の計算（例えば37037×3）も見えてくる。ピーターパンに登場するティンカー（Tinker）ベルは，いたずらをする妖精である。算数の問題も，ティンカーベルのようにいたずらをして問題自体をいろいろな方向から点検するのである。

5．数学のよさに気付き，思考や行為を改善し続ける態度を育てる

数学の問題解決についての著作のなかで，ポリアはいう。

> 「われわれがもとめた解法が長たらしくて複雑な場合には，もう少しすっきりした，手っ取り早い解がないかと考えるのが人情である。ちがったしかたで同じ結果がえられるか，それを一目のうちにみとめることができるか」（ポリア，1973，pp. 52-53）

このようによりよいものを求めようとする資質を育てることは，算数教育の大切な目標の一つである。例えば，昭和26（1951）年の『小学校学習指導要領算数科編（試案）』の一般目標の第一項は，次の通りである。

> 「算数を，学校内外の社会生活において，有効に用いるのに役立つ，豊かな経験を持たせるとともに，物事を，数量関係から見て，考察処理する能力を伸ばし，算数を用いて，めいめいの<u>思考や行為を改善し続けてやまない傾向</u>を伸ばす」（下線は引用者）

この一般目標に掲げられた「思考や行為を改善し続けてやまない傾向」が身に付いた子供は，さらに，問題解決に行き詰まれば，子供たちは，仲間の発言に耳を傾けようとしたり，自分の考えを伝えようとするに違いない。このような傾向を身に付けさせることができれば，数学的な表現を用いて事象を簡潔・明瞭・的確に表したり柔軟に表したりする力を養うことにつながり，友達の考えから学び合ったり，学

習の過程と成果を振り返り、よりよく問題解決できたことを実感したりする活動の充実になる。

算数の授業では、子供が問題解決に用いる方法についての話し合いをするなかで、その方法がもつ価値（よさ）が議論になることが多い。最近では特に、そのような方法についての規範となる価値観を、子供にも使える言葉として、「せかい」や「はかせ」のように示す実践がよく見られる。

例えば、「せかい」は、正確であること（「せ」）、簡単であること（「か」）、広く一般的に（いつでも）用いられること（「い」）という数学的方法の価値を強調する場合に用いられる。

このような実践上の工夫は、戦後の算数教育が大切にしてきた数学的な見方や考え方、数学的な態度についての価値観の点検と、それに基づく教材研究に支えられている。

昭和26年の学習指導要領（試案）や昭和33年の学習指導要領には、単純であること、簡潔であること、明確であること、明瞭であることなど、数学の特質に由来する価値が強調されている。複数のものをある観点から束ねて統合的に把握すること、洗練されていて、エレガントであることなど、子供の言葉には表しにくい特徴を、教師の目で広く把握して、教材研究に活かしたい。

子供が算数の授業を楽しいと考え、算数が好きだと思うのは、何らかの学習経験や認識内容があるからである。計算が速くできて答えが合っていたり、苦労して難しい問題を解いたりすれば嬉しいし、よかったと思う。また、算数では答えがすっきりと出るから授業で発言するのが好きだったりする。

そのような経験に基づくプラスの感情に支えられ、気になることを解消しながら学習が進むと、概念の網目が密になって認識が拡がる。また、「わかりたい」という欲求や「もっとよくしたい」という向上心、「からくり」を知りたいという知的好奇心も、学習を支える心の動きである。算数好きの子供は、このような心の動きに支えられて認識を拡げながら学習している。だから授業では、学習経験を多面的な豊かなものにして、子供の認識を拡げる方向を目指すべきである。

子供の認識を拡げ、「深い学び」を実現するために、子供が楽しく

算数を学び，算数が好きになって認識が拡がるように工夫したい。
　そのために，授業では，子供による情報の受信ばかりではなく，発信も積極的に取り入れて，認識内容を広げる工夫をしよう。黒板に書かれたものを写したり，一人で問題を解いたりするためにノートに向かっているだけではなく，話すことと聞くことや，クラスメイトとの交流を大切にしよう。また，子供たちが自分の手で算数の学習経験をまとめ，自分の言葉で語る機会を設けよう「紙と鉛筆」を中心とした従来の学習を，より多面的・立体的にしよう。
　例えば，図形の学習では，色と形の組み合せによるきれいな模様のデザインや模型を作って鑑賞し，その特徴を説明する活動を取り入れよう。算数の苦手な子供が目立ってくる高学年では，学習経験の「作品化」とその発表を促そう。江戸時代の和算家が気に入った数学の問題を絵馬に掲げて神社・仏閣に奉納したように，気に入った問題を載せた「算額」を教室に飾ろう。単元末には，学習内容のまとめの壁新聞を作って貼り出そう。
　算数が好きな子供の学びの姿に基づいて授業のあり方を考えると，従来の授業観を再考せざるを得ない。そもそも授業は，自ら学ぶ力を付けて，いずれ授業を受けなくて済むようにするためのものである。だから，授業では，自ら学べるようになるための基礎や，一人では学びにくい事柄を教えることを中心にすべきである。

6．開かれた学びを通して学びに向かう姿勢を

　算数は本来，創造的な学習活動の産物のはずであるが，実際の教室では，算数がしばしば非創造的に学習されている。M. ランパートはこのように考えて，伝統的な算数の授業に見られる子供の行動の特徴を指摘した。
　それは，自分の考えについて教師や信頼できる権威ある子に承認を求めたり，考えを自分だけのものにして黙っていたりすること，そして，自分の強情さや面子を保つ行動をとったりすることなどである。
　彼女はこのような伝統的な算数授業の改革を目指して，理想的な学習の姿を追求した。それは，数学者が数学を研究するかのように子供

たちが学んでいくものであり，納得がいくまで問い続けていく子供の姿によって特徴づけられる学習であった。

そのような学習のためには，「科学者たるものの道徳的資質」が必要であると彼女はいう。すなわち，自分のもつ信念をいつでも修正する心構えをもつ「知的勇気」と合理的な理由があれば自分の信念をも変える「知的誠実さ」をもち，その一方で合理的な根拠と厳密な検証なしには信念を変えない「賢明な自制」を併せもつことであるという。

ここでの鍵は，子供たちの学習過程が，相互の批判に対して開かれており，正当な根拠があればいつでも考えを修正できる状態にあることである。いいアイデアが自由に提案され，それに対する批判が受け入れられる余地があり，提案された考えはよりよいものへと洗練されていくのである。

このような算数をつくる授業には，そのような授業にふさわしい教室の雰囲気が必要である。そして，その雰囲気は，毎日の授業を通して次第に形成されていく。

教室は一つの小さな社会である。それぞれの教室には，何が尊重され，価値があるとされるのか，また何が認められないのかについての「目に見えないきまり」や「固有の価値の置き方」がある。そのような「見えないもの」が，その教室で学ぶ子供たちに独特の活動を営ませるのである。それを外の世界から見ると，授業を「暗黙のルール」が支配しているように見えることもある。教室のなかで，算数をつくる授業にふさわしい雰囲気が生まれているかを点検することも大切である。

授業において教師が何を尊重し，大切にするかは，子供たちが学習において大事であると考えるものに強く影響する。異なる意見を出すことを尊重する教師のクラスでは，子供たちもそのように育っていく。また，逆に，問題は1通りの方法で解ければよいと考える教師のクラスの子供たちは，問題のよりよい解決や発展を求めて努力しようとはしないであろう。さらに，子供が思いつくアイデアには，我々がはっとさせられるよいものが含まれていることが多い。そのような子供の考えのよい点に学ぶことも大切である。そんな教師の姿勢こそ，

思考の習慣を育てる授業において大切であろう。

7．おわりに

　海外の算数授業を参観すると，「まとめ」のないのが不思議に思われることがある。これは，日本で「まとめ」が大事にされていることの裏返しである。当然のように行われるこの「まとめ」に至るまでに，子供たちと一緒に問いたい問いがある。

　より簡潔に表現するとどうなるか，**もっと明瞭**に伝えるにはどうすべきか，さらに**的確**に伝えるためにどんな工夫ができるか，これからも使えそうな（**発展の可能性の高い**）方法はどれだろうか，といった問いである。このような問いを，予想して取り上げた子供の考えや予想外の反応を含んで展開する授業で問い，「数学的」と形容するのにふさわしい子供の着想や方法を賞賛し，十分に価値付けたい。

　それゆえ，子供たちが問題解決の方法を模索するなかで，いずれこのような問いを問えるようになっていくために，授業者が配慮すべきことが，授業の様々な局面で見られるはずである。算数科が大切にする簡潔・明瞭・的確などの価値が子供に内化して，解決の方法の模索のなかで子供自らが問えるようになっていくことを期待したい。

［引用・参考文献］
P. Goldenberg et al. (2003) Mathematical Habits of Mind for Young Children. In F.K. Lester (ed.) *Teaching Mathematics Through Problem Solving: Grades PreK-6*, National Council of Teachers of Mathematics.
Polya, G. (1973), 柿内賢信訳, 『いかにして問題をとくか』, 丸善.
M. ランパート (1995),「真正の学びを創造する—数学がわかることと数学を教えること」, (秋田喜代美訳), 佐伯・藤田・佐藤（編）,『学びへの誘い』, 東京大学出版会. 所収.
文部科学省 (2016.8),『次期学習指導要領に向けたこれまでの審議のまとめ』.

第3章 第2節
学びに向かう力を育てる アクティブ・ラーニング

中野　博之
弘前大学

1．これまでの議論から

　2014年11月26日の文部科学大臣から中央教育審議会（中教審）への諮問を受け，2016年8月1日現在も新しい教育課程の作成に向けて作業が進められ，様々な資料が公開されてきている。こうした資料を基に「アクティブ・ラーニング」と「学びに向かう力」の捉え方について考える。

(1)「アクティブ・ラーニング」の捉え方
　「次期学習指導要領　小中高で討論型授業」
　「社会のグローバル化やIT（情報技術）化に対応できる力を育むため，小中高校に討論などを通じて主体的に学ぶ『アクティブ・ラーニング』を導入」（2016年8月2日読売新聞13版1面より）
　上記の文言は，2020年度から小中高校で順次実施をする学習指導要領について，中教審の特別部会の中間報告の公表を受けたものである。この文言からもわかるように，「アクティブ・ラーニング」は，一般的には「討論」を取り入れた授業であると考えられている。
　その一方で，「アクティブ・ラーニング」については，中教審の部会資料等において以下のように記述されている。
　「主体的・対話的で深い学び（「アクティブ・ラーニング」）の視点からの学習過程の改善」（平成28年6月28日教育課程部会教育課程企画特別部会資料1より）
　ここからは，アクティブ・ラーニングは，授業の形式や型ではなく，授業改善のための視点であることがわかる。

つまり,「アクティブ・ラーニング」という言葉が出てきたことによってアクティブな授業形式が求められるようになったのではなく,「主体的・対話的で深い学び(アクティブ・ラーニング)」の視点をもって授業を改善することが求められているのである。したがって,「アクティブ・ラーニングだから」といって,授業での子供の学びに目を向けず,「グループ活動をすればよい」とか「一斉指導をしてはいけない」といった授業の形式に目を向けた議論には意味がない。

(2)「アクティブ・ラーニング」と「学びに向かう力」の関係

下の図は,「アクティブ・ラーニング」と「学びに向かう力」の関係について表している(中教審①,2016)。

図1. 主体的・対話的で深い学びの実現について

ここからもわかるように,「アクティブ・ラーニング」はもはや「主体的・対話的で深い学び」という言葉に替わろうとしている。そして,「主体的・対話的で深い学び」に向けた授業改善を日常的に行っていくことで,新しい時代に必要となる資質・能力である「学びに向かう力」を涵養させようとしていることもわかる。つまり,「学びに向かう力」が目指すべき目的であり,前述にもあるように「アクティブ・ラーニング」はあくまで目的を達成するための授業改善の視点でしかない。

なお,「主体的・対話的で深い学び」について,算数科・数学科で

の捉え方は以下のように整理されている（中教審②，2016）。
・算数科・数学科では，既習の数学に関わる事象や，日常生活や社会に関わる事象について，数学的な見方・考え方を働かせ，数学的活動を通して，新しい概念を形成したり，よりよい方法を見いだしたりするなど，新たな知識・技能を身に付け，知識の構造や思考，態度が変容する「深い学び」を実現することが求められる。
・また，算数科・数学科では，事象を数学的な表現を用いて論理的に説明したり，よりよい考えや事柄の本質について，話し合い，よりよい考えに高めたり事柄の本質を明らかにしたりするなどの「対話的な学び」を実現することが求められる。
・さらに，算数科・数学科では，児童生徒自らが，問題の解決に向けて見通しをもち，粘り強く取り組み，問題解決の過程を振り返り，よりよく解決したり，新たな問いを見いだしたりするなどの「主体的な学び」を実現することが求められる。

また，「学びに向かう力・人間力」（資質・能力）については，算数科において以下の3点に整理されている（中教審②，2016）。
・数量や図形についての感覚を豊かにするとともに，数学的に考えることや数理的な処理のよさに気付き，算数の学習を進んで生活や学習に活用しようとする態度。
・数学的に表現・処理したことを振り返り，批判的に検討しようとする態度。
・問題解決などにおいて，よりよいものを求め続けようとし，抽象的に表現されたことを具体的に表現しようとしたり，表現されたことをより一般的に表現しようとするなど，多面的に考えようとする態度。

(3) 数学的な見方・考え方

前記の通り，算数科・数学科における「深い学び」は「数学的な見方・考え方を働かせる」ことによって実現するとされている。その一方で，この「数学的な見方・考え方」は，「資質・能力の三つの柱である『知識・技能』『思考力・判断力・表現力』『学びに向かう力や人間力』のすべてに働くものであり，かつすべてを通して育成されるも

のとして捉えられる」ものともされている（中教審②，2016）。

　このことから，新しい教育課程では，「数学的な見方・考え方」は，単に「思考力・判断力・表現力」を指すものではなく，算数科・数学科の授業全体を通して働くものであり，かつ，育成されるものとして捉えられていることがわかる。したがって，「アクティブ・ラーニング」の視点をもって授業改善を行う際には「数学的な見方・考え方」を忘れてはならず，さらに目的である「学びに向かう力」を考えるときにも「数学的な見方・考え方」を忘れてはならない。

　なお，「数学的な見方・考え方」については以下のように整理し「統合的な考え」「発展的な考え」を強調している（中教審②，2016）。
・事象を数量や図形及びそれらの関係などに着目して捉え，論理的，統合的・発展的に考えること。

2.「学びに向かう力を育てるアクティブ・ラーニング」と授業改善

　これまでのことを基に，本稿では「学びに向かう力を育てるアクティブ・ラーニング」については以下のように捉え直すこととする。
・「学びに向かう力」の育成に向けた「主体的・対話的で深い学び（アクティブ・ラーニング）」の視点をもった授業改善への取り組み
　そして，次のことに焦点化してこの取り組みについて考えていく。
・「深い学び」を実現させる「数学的な見方・考え方」
・「深い学び」につながる「対話的な学び」の実現
・「学びに向かう力」の育成

(1)「深い学び」を実現する「数学的な見方・考え方」

　「数学的な見方・考え方」を働かせることで「深い学び」は実現されるが，この中の「数学的な考え方」についてはこれまでも重要視され，その育成方法については様々な考え方が提言されてきた。その中から，授業のあり方について提言している4名の考えを挙げる。

　「数学的な考え方と称するものは，数学活動－表現された数学だけではなく，数学を創り出していく，思考も含めて－のすべてを通して体験的に総合的にむしろ直観的に捉えられるものではないかと

思っている」（秋月，1966）

「（秋月の意見を取り上げた上で）ねらいが創造的な活動を可能にするというところにあり，その方法としては，日常の学習活動を通して創造的な実践として体験的に積み重ねていくほかにないという見解と軌を一にするものである」（中島，1974）

「考え方なるものを抜き出して教えることが可能であるはずがない。（中略）課題を数学的に解決する力を伸ばすには，解決すべき活きた課題に当面させて正しく考え抜かせることにあろう。『考え方を伸ばす』には日々の教室活動をこのようにするより他に方法はあるまい」（松原，1977）

さらに，杉山は考える力の育成には「考える場を与える」ことが必要であることを指摘した上で次のように述べている。

「考える力は考える経験だけで伸びるのではなく，よい考え方を学ぶことによって伸びるということである。（中略）考える力を伸ばすためには，子供を考える場に置き，実際に考えさせると同時に，成功に導くことが欠かせない。それだけではなく，同時に，そこで用いられた考え方に目を向けさせなければならない」（杉山，2012）

こうした，秋月，中島，松原，杉山の指摘に共通していることは，「数学的な考え方」の育成方法は，考える経験を積ませる他にないとしていることである。そして，経験に加えて松原は「正しく考え抜かせる」ことを挙げ，杉山はそこで用いられた考え方を顕在化させていくことを挙げている。このようなことから，「数学的な考え方」の育成方法は，授業で考える場を設定するとともに，正しく考えることを指導すること，正しい考え方を省察することによって顕在化させるとともにそのよさに気付かせることと捉えられる。こうした「省察」「よさへの気付き」は前記の算数科で求めている「学びに向かう力」（資質・能力）につながるものでもある。したがって，「めあて」という名のもとにヒントを与え，流れるような授業展開ではあるが子供は何も考えることなく終わってしまう授業は，「深い学び」の視点をもった授業とは言えないことがわかる。

次に，正しく考えること，省察させるべき考え方とはどのようなことなのか，つまり，「数学的な考え方」の内容がどのようなものであ

るのかが問題となる。今回の中教審の議論ではその内容については「論理的，統合的・発展的に考えること」と整理された。今後，その整理がどのように進むのかは2016年8月1日の時点では明らかではないが，本稿では「統合的・発展的に考えること」について，「簡単・明確・統合」の視点で創造させることを主張した中島の考え，及び，統合を重視した杉山の考えを基に考えることとする。

　「『数学的な考え方』は，算数・数学にふさわしい創造的な活動ができることを目指したものであることを述べた。これを引き起こす原動力として，簡潔，明確，統合といった観点が考えられ，それらの観点から『改善せずにはすまされない』という心情で課題を把握することが第一の要件である」（中島，1981）

　こう述べた上で中島はこの中の「統合」について重要視した。また，杉山は「数学的な考え方」の育成のためには「答えが出ても考えるべきことはたくさんある」として「解決の方法をよりよくする」「問題の本質的なことを明らかにしようと努力する」「これまでに知っているものごととの関連を知ろうとする」等の活動を挙げた上で，「いろいろなものが統合化されていることは，思考の節約といった意味からも価値のあることである」と述べ，中島と同様に「統合」の重要性を指摘した（杉山，2012）。

　中島は「発展的な考え」をすべての教科で考えられるものであるとした上で，算数科・数学科での発展的な考えとして「簡単」「明確」「統合」を挙げ，そのように改善せずにはすまされないと思う心情を重視した。このような心情は「簡単」「明確」「統合」という観点で考えたことの「よさ」に気付くことで培われる。この「よさ」への気付きは前述の「学びに向かう力」（資質・能力）につながる。また，杉山の指摘は既習の知識を見直すことであり，まさに，前述の「知識の構造や思考，態度が変容する『深い学び』」につながる。

　こうしたことから，算数科の授業を「数学的な見方・考え方」を働かせ「深い学び」の場としていくために，そして，「学びに向かう力」（資質・能力）を育てていくためには，答えが出ても授業を終わりとせず，答えが出た後に「解決の方法をよりよくする」「問題の本質的なことを明らかにしようと努力する」「これまでに知っているものご

ととの関連を知ろうとする」等の活動を常に授業に設け，既習の知識の構造や思考，態度を変容させていくようにすることが求められる。そして，こうした活動を繰り返すことを通して「簡潔」「明確」「統合」といった観点から「改善せずにはすまされない」という心情を「数学的に考えることのよさ」の理解とともに育てていくことも求められる。

(2)「深い学び」につながる「対話的な学び」の実現

算数の授業で求められている「対話的な学び」は「事象を数学的な表現を用いて論理的に説明したり，よりよい考えや事柄の本質について，話し合い，よりよい考えに高めたり事柄の本質を明らかにしたりする」こととされている。このことから「対話的学び」は「深い学び」を実現させるものでなければならないことがわかる。

当初「アクティブ・ラーニング」は「主体的で協働的な学び」として説明されてきた。ところが，「協働的」が「対話的」に替わった。これは「協働的」という言葉によって，グループ学習やペア学習を授業過程に位置付ければ「アクティブ・ラーニング」であるという誤解があったことに起因していると言われている。

ペア学習・グループ学習はこれまでも「言語活動の充実」の名のもとに，多くの算数科の授業の中に取り入れられてきた。しかし，ペア学習・グループ学習が「深い学び」を実現させる「対話的な学び」であったのかについては疑問に思うことが多かった。

・問題を与えた後に「グループで相談していいよ」と教師が発言。ある子供は「どうやるの」と他者のノートをのぞき込み，「あ～，そうやるのか」と言って答えを自分のノートに写す。(学力格差拡大)
・子供は話形通りに「私は○○算で解いて，答えは△△です」と発言し合い(話し合っていない)，後は押し黙っている。(時間の無駄使い)
・グループの考えを誰が小黒板に書くのか，誰が発表するのか一生懸命に話し合っている。(算数で話し合う必要がない)
・多数の考え方をグループの考え方として採択。少数であっても多数

の考え方と比較検討することにより，より深い理解につながるにもかかわらず，その考え方は排除される。全体での話し合いでは同じ考え方が発表され比較検討ができない。（よりよい学習機会の喪失）

話し合いを子供任せにしていたのでは上記のような活動が繰り返されるばかりで，「深い学び」につながる「対話的な学び」は期待できない。そこで次のような教師による配慮が必要であると考える。

① 他人の説明はすぐには理解できない
　自分の考えや意見を他人に説明する場合，たった1回の説明で相手が納得してくれることは滅多にない。また，解けなかった問題の解答欄を見ても，載っている解法の意味（式）が理解できないことがある。他人の解法は自分の考えた文脈と異なっていて，実はわかりにくい。つまり，現実の社会では，自分の考えは相手に理解してもらえないことが多く，他人の考えは理解しにくいものでもある。
　「多くの数学者は，思いこみから真理をどのように分離すべきか，自分が正しいと思っていることを，いかにしてそれを信じない他の人に了解させるかを，さまざまな書物・書簡に残してきている。数学教育の本来の目標は何かと問われたときに，まず，このことを挙げる必要がある。教科としての算数・数学は他の教科に比べ，少ない知識と誰もが認める確かな方法によって，自分が自由に考えたことを，誰もが正しいと認めざるをえない形で体験を共有できる数少ない教科と言える。」（町田，1999）
　「対話的な学び」について考えるとき，上記の言葉を忘れないようにしたい。
　学級全体で行われる集団検討の場では，子供が説明をした後，一斉に「いいです」と言わせ，その考えについて「わからない」という意思を封印してしまうことが多い。しかし，友達の説明を理解できない子供が一定数存在する可能性は否定できない。また，こうした授業では，自分の考えを説明している子供が誰に向かって何を説明しているのかが不明確なまま進められている。つまり，集団検討の場が，自分の考えを理解してくれない友達を説得する場ではなく，優秀な子供の

発表の場となってしまっているのである。
　こうしたことを改善するには、教師は「人の考え方は理解しにくい」ということを前提にし、子供に友達の説明を自分が理解できるまで聞き直すことを課すようにすることが考えられる。そして、説明する子供には、既習の学習内容だけを活用して友達に説明することを課す。このようにすることで集団検討の場が、既習の知識の活用の場となり、さらには、知識の再確認の場となることが期待できる。これは前述の「知識の構造や思考、態度が変容する『深い学び』」の場と言える。

② 子供の立場を平等なものにする
　「深い学び」を実現させる「対話的な学び」はすべての子供が平等な立場で授業に参加していることが必要最低条件となる。正解を出す子供の立場が高く、理解することに時間がかかる子供や誤答の子供の立場が低いということでは「深い学び」にはつながらない。常に正解を出した子供が強い立場で他の子供に解答を押しつけ、理解が遅い子供は常に正解を出した子供から解答を与えてもらうということでは、「対話」が学力格差拡大の元凶となる。子供の立場が平等であれば、算数を得意としている子供は、自分の考えを算数を得意としていない他者に納得してもらわなければ、その考えには価値がないという認識をもつはずである。
　こうした価値観を子供がもつようにすることは難しいことではあるが、少なくとも教師は算数の授業では子供の立場が平等ではないことを前提にし、その改善に向けた工夫をする必要がある。

(3)「学びに向かう力」の育成
　前述にもあるように、目的として位置付けられる「学びに向かう力」（資質・能力）については、その語尾がすべて「〜態度」となっている。この「態度」について本稿で詳しく述べることはできないが、「態度」を決定することには、意欲が関わることは確かである。学習心理学者の鹿毛は学習意欲の高まりを次の図の３つの水準に分け、最下層の意欲については、喚起されたりされなかったりと波があ

```
┌─────────────────────────────────────┐
│         パーソナリティ意欲          │
│ その人らしい意欲として全般的に発現する │
│ ある程度，場面を超えて安定的に認められる │
└─────────────────────────────────────┘
                   ↑
┌─────────────────────────────────────┐
│            文脈意欲                 │
│ 学習内容・活動領域の違いに応じて現れる意欲 │
│    個人によってデコボコしている      │
└─────────────────────────────────────┘
                   ↑
┌─────────────────────────────────────┐
│            状況意欲                 │
│ 特定の場で生じ，時間経過とともに変化する │
│         現在進行形の意欲            │
│   「波」があり不安定な心理現象       │
└─────────────────────────────────────┘
```

図2．学習意欲の3水準

る不安定な「状況意欲」とした。また，最上層の意欲については，状況を超えて安定的に喚起されその人の人格としての要素ともなる「パーソナリティ意欲」とした。そして，この「パーソナリティ意欲」はロングスパンでじわじわと醸成される個人の特性であり，「学習に取り組む態度」でもあるとした。さらに，このパーソナリティ意欲は「学習の意義や価値を実感するような状況意欲の積み重ねによって培われていく」とした（鹿毛，2008）。また，以下のように，子供の学習意欲の形成には教師の信念や姿勢が大きく影響していることについても言及した。

「（先行研究の成果を示した上で）教師が暗黙のうちにもっている信念が具体的な教育実践の在り方を規定し，それを通じて学習者の学習意欲に影響を及ぼしていることを明らかにしている。（中略）このような教育的な態度を背景にした教育実践でなければ，学習者との信頼関係が形成されず，いくら小手先で教育方法をいじってみたところで，効果は極めて限定されてしまう」（鹿毛，2013）

つまり，子供が教師に言われたから考えるのではなく，中島の述べた「『改善せずにはすまされない』という心情」を子供自身がもつようにするためには，まず，教師自身が数学的に考えることのよさに感動し，「答えが出たら終わり」とせず，答えが出た後に「もっと簡単にしたい」「もっとわかりやすくしたい」「場面を変えても同じことが

言えるか調べたい」「今までの学習内容と同じと見たい」と教師自身が意欲をもって考えることが重要であり，そのことが子供の「態度」の形成に影響を与えるということである。そして，批判的，多面的に考えることの大切さについて教師が信念をもち，かつ，長期的な展望をもって粘り強く日々の授業改善に取り組まなければ，子供へのパーソナリティ意欲の形成には至らず，結果として「学びに向かう力」も育成されないのである。

3．おわりに

「学びに向かう力」を育てるためには，教師自身が「数学的な見方・考え方」のよさを実感した上で教師自身が考える人となって子供の見本となることが大切である。そして，教師は，目先の学習成果にとらわれることなく，信念をもって日々の授業を「主体的・対話的で深い学び」となるように粘り強く改善を試み，長い目をもって子供を育てていくことも大切なのである。

【引用・参考文献】
秋月康夫（1966），「数学的な考え方とその指導」，東京教育大学附属小学校，学校初等教育研究会「教育研究」第21巻5号，pp.8-9．
鹿毛雅治（2008），「学習意欲の育成と教育環境のデザイン」『初等教育資料』，No.839, pp.8-13，文部科学省．
鹿毛雅治（2013），『学習意欲の理論』，金子書房，p.303．
松原元一（1977），『数学的見方考え方』，国土社，pp.201-202．
町田彰一郎（1999），「教育機器の利用」『数学科教育（中学・高校）』，学文社，p.55．
中島健三（1974），「数学教育の目標とカリキュラム構成のための原理」，『現代教科教育学体系4　数学と思考』，第一法規出版，pp.124-125．
中島健三（1981），『算数・数学教育と数学的な考え方』，金子書房，p.51．
杉山吉茂（2012），「考える力を育てる算数の指導」『確かな算数・数学教育をもとめて』，東洋館出版社，p.162，p.164．
中央教育審議会①（2016），「教育課程部会　教育課程企画特別部会（第19回）配付資料」，資料1．
中央教育審議会②（2016），「教育課程部会　教育課程企画特別部会（第19回）配付資料」，資料3-2．

第3章 第3節
思考や行為を改善し続ける態度を
はぐくむこと

齊藤　一弥
神奈川県横浜市立六浦南小学校

1．思考や行為を改善し続けることの価値

　新しい算数・数学の基準策定作業の中で，中央教育審議会教育課程部会から示された「審議のまとめ」において，算数・数学で育成すべき三つの柱による資質・能力が整理された。この中の一つに「学びに向かう力」がある。この力をいかに捉えるかで，これからの算数・数学の授業づくりは大きく変わっていくことになる。それは，この力が算数・数学を通してどのような子供を育てていきたいのかという算数・数学教育の果たす役割に大きく関わるからであるが，このことは戦後間もない頃に出された学習指導要領（試案）においてもその重要さが指摘されていた。
　そこでは算数の一般目標として，
・算数を，学校内外の社会生活において，有効に用いるのに役だつ，豊かな経験を持たせるとともに，物事を，数量関係から見て，考察処理する能力を伸ばし，算数を用いて，めいめいの思考や行為を改善し続けてやまない傾向を伸ばす
・数学的な内容についての理解を伸ばし，これを用いて数量関係を考察または処理する能力を伸ばすとともに，さらに，数量関係をいっそう手ぎわよく処理しようとして，くふうする傾向を伸ばす
と示された（下線筆者）。この中での，「めいめいの思考や行為を改善し続けてやまない」「数量関係をいっそう手ぎわよく処理しようとして，くふうする」は，まさに子供が算数を学ぶことによって身に付ける生活や学習をよりよくしていくための態度や姿勢，人としての構えである。算数の学習を通して，生活や学習で出会う様々な事象を効率

的かつ合理的に処理するために思考や行為を工夫して改善し続けることの大切さを体得していくというわけである。

今回の改訂に関わる審議の中では「学びに向かう力・人間性等（下線筆者）」として，

・数量や図形についての感覚を豊かにするとともに，<u>数学的に考えることや数理的な処理のよさに気付き，算数の学習を進んで生活や学習に活用</u>しようとする態度
・数学的に表現・処理したことを<u>振り返り，批判的に検討</u>しようとする態度
・問題解決などにおいて，<u>よりよいものを求め続けよう</u>とし，抽象的に表現されたことを具体的に表現しようとしたり，表現されたことをより一般的に表現しようとするなど，多面的に考えようとする態度

が，算数で育成すべき態度や姿勢，そして構えとして明記され，改めて教科指導が果たす役割の大きさを再確認することとなった。試案とは表現は異なるものの，ここにも生活や学習の質的改善に活かしていくために，思考や行為を改善し続けることの大切さが指摘されており，この視点を重視しながら授業づくりに取り組むことが求められていることがわかる。

2．子供の思考や行為を見直す

平成27年度に実施された全国学力・学習状況調査小学校算数のA問題④で興味深い結果が出た（次頁参照）。

（1）の問題は，180°よりも大きな角の大きさの範囲を，二直角，三直角を基に決めるもので，正答率は81.4.％であった。一方，（2）の問題は，180°より大きな角を分度器で測定している場面を読み取ってその大きさを210°と求めるもので，こちらの正答率は58.2％であった。同じ210°の角を提示して，その大きさが180°であると意識していても，（2）では34.8％もの子供がその大きさを150°になると誤答した。直線，二直角または半回転の180°より大きいことはすぐに見てわかるが，多くの子供がその角の大きさを150°と誤ってしまう原因はど

第3章 学びに向かう力を育てるアクティブ・ラーニング 第3節

こにあるのであろうか。

　まず、答えの見積りを踏まえて問題解決に取りかかるという態度が十分でなかったことが挙げられるであろう。分度器を当てる前に、角アは直線または二直角よりも大きいことから、180°を超えることを前提に仕事を進めていれば、少なくとも150°と間違えることはないはずである。

　次に、（1）の結果からかなりの子供が角の大きさの見積りができていたことを踏まえると、180°を超えた部分の30°の測定方法を既習事項と結びつけて考えることができないことも原

因として考えられる。子供の思考が2つの問題で連続していかない、または思考し続けようとしていないということである。直線を引くことで180°までの大きさを明らかにした上で、残りの部分を測ることで正しい測定ができると筋道立てて思考し続けることが難しかったのであろう。このような思考ができてさえいれば、大きな誤りは防ぐことができ、少なくとも180°より小さい角を答えとして出すことはなくなるはずである。

　さらに、いったん150°という測定値を出したとしても、180°という見積りを踏まえて自分の思考の結果または数学的な処理としての行為を批判的に見つめ直して、誤りに気付くことができていれば、大きな誤りを回避することができたはずである。

　このような誤答が出てくる背景から、算数・数学の授業において子供に育てていきたい学びに向かう力とそれを実現する学びづくりの方

153

まずは，直観でつかんだことを論理で確実に確かめていく態度の育成である。150°と答えた子供の多くは，180°という大きさを意識していないと考えられる。直線を超えて広がる角は180°よりも大きいという量感とともにそれを数学的に説明するための根拠をしっかりと身に付けておくことが期待される。

　次に，能率的な測定方法の意味的理解を図ることである。分度器を使用しなくても角アを作る２本の半直線のいずれかに沿って直線を引きさえすれば，角アが180°よりも大きいことがわかる。この作業の意味の確認が十分に行われていないのである。半円分度器を使用している子供は，この確認をせずに180°の範囲内で対応する目盛を探すことで仕事を終えてしまう。それでは角の大きさの計測の練習で終わってしまい，計器の働きやよさを確認しながら正確かつ的確で，より能率的な測定方法を学ぶことに関心が向くことは難しい。また，多様な測定方法があった場合は，その共通性に関心をもって思考し続けて，処理方法のよさや工夫に関心をもつなどの態度を育てていくことも大切になる。

　さらに，自分の行った思考や行為を見つめ直すことである。150°という誤答に気付きそれを改善することはもちろんのこと，半円分度器を使っての測定方法のよさを確認するとともに思考し続けてきたことの価値を実感することである。単に問題解決の過程を振り返るだけでなく，そこで行われた思考や行為を常に批判的に見つめることで，算数を創り出していくよさを実感することも大切になる。

3．思考・行為を改善し続ける授業づくりのポイント
　　〜4年・角の大きさの実践から〜

　同じ仕事なら，なるべく簡便で効率的に，しかも正確に済ませたいものである。しかもそれが確かな思考に支えられて，誰もが納得できるような行為として実現できるのであればなお望ましい。量の測定では，その手続きや操作は正確でかつ能率的に処理する力を期待している。算数・数学はこのような仕事を実現可能にしていくために思考・行為を改善し続ける営みであるといっても過言ではない。

このような学びを実現するためにいかなるコンテクストを子供に用意していけばよいのだろうか。先の問題を具体的な授業に置き直して考えていく。

思考・行為を改善し続けるための明示的指導

　授業では，まず角のおよその大きさを見積もることから始める。示された角の大きさ（210°）が，どのくらいであるかを見積もり，その際に，既習の知識である直線，二直角または半回転（180°）を基にして判断できるようにする。

　　T9　なぜ200°くらいだと思ったのですか。
　　C12　半回転より大きいし，それより20°くらい大きいと感じたから。
　　C13　二直角より大きいから180°より大きくて，それより20°くらい大きい。
　　T10　今の予想では，どちらも200°よりも大きいようです。予想の仕方で似ているところはどこですか。
　　C14　半回転や二直角の180°を使っていること。
　　T11　なぜ半回転や二直角を使って予想したのでしょうか。
　　C15　それはすぐにわかるから。直線を引けばわかる。
　　C16　直線は180°とすぐにわかるから。

　子供が使用している半円分度器で直接測定できるのは180°までだが，C14，C15，C16など，分度器を使用しなくても180°を測定することができる理由について意見が集中していることがわかる。角の大きさの見当をつける段階で，既に半円分度器では測定できない大きさの測定方法の見通しをもつことが

155

できていて,余分な労力を省いて能率的に測定するためのアイデアに関心が向いている。子供が180°は測定しなくてもよいことをつかんでいることがわかる。このような算数・数学として大切にしたい態度や姿勢のよさを明示的な指導によって自覚化させて,「直線を引く」という測定方法の処理の持っている意味を理解させて,数学的な処理のよさを実感させていくことが大切である。

その後の自力解決により,どの子も測定方法として「直線を引いて180°と30°に分けて求める方法」と「360°から150°をひいて求める方法」のいずれかの解を得ることができた。

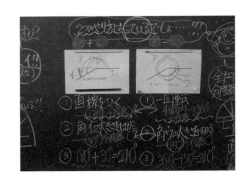

子供が主体的に学ぶための第一歩である「他者に伝えたいことをもつ」「自分の考えをもつ」ことができて,このことは同時に対話的に学ぶ準備が整ったことにもなる。

この2つの方法のアイデアの意味を確認するために,「なぜ2つに分けたのか」「なぜ360°からひくのか」と問うことで,二直角・半回転(180°)や四直角・一回転(360°)を基にして,そこから能率的に測定していることを明らかにしていった。

T16 なぜ180°とそれ以外の角に分けて測定したのですか。
C24 180°は直線を伸ばせば角度を測らなくてもいいからです。あとは残りの角の大きさを測るだけだから。
T17 180°は測らなくてもわかるというのはとても便利なことだね。360°から150°を引いた理由も説明してください。
C25 一回転は360°だからこれも測らなくてもわかります。あとは150°の部分を測ればいいです。
T18 どちらも分度器で直接測らなくてもわかるところをうまく使っているわけですね。この2つの方法は同じ考えで求めてい

る，似ていると考えることはできませんか。
C26　違うやり方だと思う。Iさんは180°に30°をたしているし，Yさんは360°から150°をひいているから。
T19　先生は同じ考えで似ているように思うけれど……。
C27　分度器で測っているところと測っていないところがあることかな。
C28　測らなくてもわかるところは測らないということも似ているかもしれない。

　このように二直角・半回転や四直角・一回転をうまく活用すれば，180°を超えた大きさであっても180°内での測定によって処理できること，さらには，教師側からの問いかけを受けて，一見異なった方法に見えてもそこには共通性がありそれらを統合的に見直そうと思考をつなげていることがわかる。このように思考し続けることで，仕事や物事の処理が簡単になったり，思考・行為の結果を構造的に見直したりして，学習したことのよさを実感できるようになっていった。このような経験を積むことが算数を学ぶよさであり，先哲が築き上げてきた算数という文化を知ることにつながると言える。

思考・行為の価値の確認
〜全円分度器があれば，今までの苦労は不要ではないのか〜
　算数を学ぶよさをさらに実感していくために，全円分度器を提示して，半円分度器でも360°までの角の大きさを手際よく測定できることを確認した。

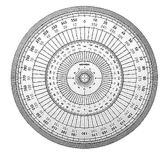

T26　これは何かわかりますか？
C35　円？……円の分度器？
T27　そうです。全円分度器といいます。
C36　360°まで測れるの？　そ

れはずるいなあ。
C37　それがあったら全部簡単にわかる。
T28　では，なぜ皆さんは全円分度器ではなくて，半円の分度器を使っているのでしょうか。
C38　それがあったら勉強にならないからかな。180°より大きな角の大きさが何もしないで求められるから。
C39　勉強しなさいということだよ。
C40　直線を引いて分けたり，全体からひいたりして考えれば，180°までの半円の分度器でも測れるから必要ないんだと思う。だからこの分度器でいいんだと思う。
T29　すぐにわかることを使って分けたり，ひいたりすれば，半円の分度器でも問題ないというのはすごい発見です。

C40の「全円分度器でなくても問題ない」という発言は，既習事項を活用することで労力が軽減されるよさを経験したことの結果であり，既習事項を有効活用していこうとする態度につながるものである。

210°の角の大きさを150°としてしまう誤答をなくすためには，ただ単に測定練習を形式的に繰り返すだけでは不十分である。180°より大きな角の測定方法を支えている「直線で分ける」「全体からひく」というアイデアの意味的理解を図りながら，そのよさを実感させていくように思考をつなげていくことが求められている。

能率的に測定ができる，しかも正確に作業ができる子供を育てていくためには，先哲が考え出した方法を丁寧にたどっていくオーセンティックな学習によって思考・行為を常に改善し続けていく学びへの転換が期待されているのである。

4．思考・行為の質を問い続けること

　これからの算数・数学を指導する上で留意すべきことは，これからの時代を生き抜く人材に期待される望ましい態度や姿勢，そして人としての構えをしっかりとはぐくむことが重要である。教科指導である以上，算数・数学の教科固有の知識・技能の習得の重要性は揺るがないが，一方でその習得がゴールにならないために算数・数学で大切にしたい見方や考え方をつなぎ役として学びに向かう力の育成を目指していくことが求められている。このことは子供の思考・行為すべき対象を丁寧に見極めて，価値ある問いに向き合わせて，その解決に向けて学び続けていけるようにすることを期待している。つまり，子供の思考・行為の質を問い続けることが大切になると言えよう。

　また，学びに向かう力を育成するためには，学び手にとって真正で本物の学習の場を用意して，それを有効に活かしていくコンテクストを用意することも大切になる。そして，主体的に学びに取り組むとともに，他者との対話的な学びの中から多様性を追究し，算数・数学の価値に出会うようなコンテクストの生成が求められている。このことは子供の思考プロセスの吟味や思考結果の活用に関心をもつことを意味している。形式的な問題解決学習に拘泥することなく，子供をよき問題解決者にはぐくむためのプロセスを開発していく努力も求められているのである。

　思考・行為をこれまで以上にアクティブにしていくために，今，改めて算数・数学の教科指導の本質を見極め，身に付ける力の明確化とともに，それをはぐくむためのコンテクストを見つめ直ししていくことに力を注いでいくことが必要である。

【引用・参考文献】
中央教育審議会（2016），「次期学習指導要領に向けたこれまでの審議のまとめ」．
文部省（1951），「学習指導要領（試案）算数科編」．
齊藤一弥（2015），『コンピテンシー・ベイスの授業づくり』，図書文化社．
齊藤一弥（2015），「思考をアクティブにする授業とは」，『新教育課程ライブラリ　VOL1』，ぎょうせい．

第3章 第4節

社会に生きて働く「主体的な学び」

赤井 利行
大阪総合保育大学

1. はじめに

中央教育審議会から，今後，育成すべき資質・能力の三つの柱については，次のように示されている。

育成すべき資質・能力の三つの柱（案）

- 学びに向かう力 人間性等
- どのように社会・世界と関わり，よりよい人生を送るか
- 「確かな学力」「健やかな体」「豊かな心」を総合的にとらえて構造化
- 何を理解しているか 何ができるか ／ 知識・技能
- 理解していること・できることをどう使うか ／ 思考力・判断力・表現力等

アクティブ・ラーニングとは，「教員による一方向的な講義形式の教育とは異なり，学修者の能動的な学修への参加を取り入れた教授・学習法の総称」と位置付けられている。さらに，「どのように学ぶか」という，学びの質や深まりを重視することから，アクティブ・ラーニングの不断の授業改善の視点として，「① 習得・活用・探究という学習プロセスの中で，問題発見・解決を念頭に置いた，深い学びの過程

が実現できているかどうか」「② 他者との協働や外界との相互作用を通じて，自らの考えを広げ，深める，対話的な学びの過程が実現できているかどうか」，特に，どのように社会・世界と関わり，よりよい人生を送るか（学びに向かう力，人間性等）に関わって，「③ 子供たちが見通しをもって粘り強く取り組み，自らの学習活動を振り返って次につなげる，主体的な学びの過程が実現できているかどうか」ということが求められている。

これまでの算数の授業は，子供も教師も懸命に問題を解決することに取り組んでいても，教室の中で完結することが多く見られた。これから培っていく汎用的能力は，「どのように社会・世界と関わり，よりよい人生を送るか」といった，学校の外に目を向けて，子供が主体的に学んでいくことが求められているのである。

本節では，算数の学習が主体的な学びの過程を通して，これからの社会で求められる学びの質について，具体的な事例を基に論じる。

2．主体的な学び

この「学びに向かう力，人間性等」の授業改善の視点に示されている重要なキーワードは，次の文言である。

「見通し」「振り返って」「主体的な学び」

この「見通し」「振り返って」について，問題解決の観点から考えてみると，ポリア（1954）は「いかにして問題を解くか」の中で，問題解決の手法について，次の4つの段階を示している。

第1に　問題を理解すること
第2に　計画を立てること
第3に　計画を実行すること
第4に　振り返ってみること

「見通し」について，ポリアは，第2の計画を立てることで「問題を理解してから計画を立てるまでの道程は長くて苦難に満ちたものであろう。問題を解くことの大部分はどんな計画を立てたらよいかということを考えつくことにあるといってよい。」と，述べている。

この問題を理解し，解決の計画を立てるに当たって，2つの見通し

が考えられる。

 1つ目は，方法の見通しである。低学年であれば，ドット図を使って考えようとするだろう。高学年になれば，数直線を用いて考えようとするだろう。あるいは，第5学年のL字型の立体の体積を求めるとき，第4学年で学習したL字型の形の面積の求め方を基に，解決の方法を類推して見通すであろう。

 2つ目は，答えの見通しである。およそいくらぐらいの答えになるのか，概算してみることである。例えば，はがきの面積を求める問題では，「およそ，いくらぐらいの面積になるのだろうか」と考えてから，計算するのである。重さを測定するときも，およそどれぐらいの重さになるのか予想してから測定させるのである。計算の技法や測定の機器の扱いだけを指導しているのではなく，見当づけてから，計算や測定させることで，量感の育成にもつながるのである。

 「振り返って」について，ポリアの第4を振り返ってみることで「解ができ上がった時にこれを振返り，結果を調べ直してそれ迄にたどった道を見直すことは，かれらの知識をいっそうたしかなものにし，問題をとく能力をゆたかにするものである。(中略) その結果や方法を何か他の問題に利用することができるか」。子供たちにとって，算数の問題を解いたとき，その答えが出れば，「もう終わった」という感覚になる場合が多い。教師の方も答えが出たことに安心して，答え合わせをして終わりにしている。しかし，算数の授業は，言い方を変えれば，答えが出たところから，本当の算数の学習が始まると考えてもいいのではないだろうか。そこには，振り返りを通して，子供たちの答えが出るまでの学び直しがあり，次の学習の目標が設定されるのである。

 第6学年で，表やグラフを活用して，「電力問題」という社会的な問題を算数の観点から考える授業での子供の振り返りである。

　第6学年　テーマ「電力問題を考えよう」(全10時間)
　　第1次　電力問題の課題を考える　　　　2時間
　　第2次　資料収集　　　　　　　　　　　2時間
　　第3次　発表資料の作成　　　　　　　　3時間
　　第4次　発表会をしよう　　　　　　　　3時間

右の気付きは、第4次で、友達の発表を聞いたり、本人も発表したりして、どのようなことに気付いたのか記述したものである。

　自分の発表を振り返ってみて、どのように発表することが相手に伝わるのかということを、他者と比較して考察している。そして、「他者の目を意識して表現していこう」と、次の目標として考えることができているのである。

　「主体的な学び」について、アクティブ・ラーニングが「課題の発見と解決に向けて主体的・対話的で深い学び」とされている。このことを構成主義の観点から眺めてみると、中原（1999）は、主体的あるいは主体性の捉え方について、次のように述べている。「子どもの主体的学びという場合、それは単に子どもが活発に活動するということだけではなく、子どもが自分なりの価値意識をもち、それに基づいて、自ら考え、選択・判断し、行動することを意味すると考える」

　さらに、算数の授業を次のように捉えている。「算数の学習は《学習者が主体的活動を通して、算数的知識を構成し、批判し、修正し、そして合意に達したものを協定し、選択していく過程》ととらえることができる」

　ここには、算数の授業が、教師による一方的な指導を通して、子供個人の算数的知識の獲得にあるのではない。子供を取り巻く学習集団が自らの課題に対して、子供たち自身が進んで学びに取り組み、子供たち相互の協働的な働きによって、個々の考え方を修正し合い、算数的知識の形成過程を振り返り、協定されていくのである。

子供が主体的に取り組むには，子供自身にとって解決したい，取り組みたいという動機がいる。
　次に示す実践は，子供が獲得してきた知識を情報として，手紙形式で友達に伝えるというテーマで行ったものである。
　　第5学年　単元「立体」（全7時間）
　　　第1次　角柱　　　3時間
　　　　第1時　三角柱づくり
　　　　第2時　手紙を書く
　　　　第3時　いろいろな角柱づくり
　　　第2次　円柱　　　3時間
　　　　第1時　円柱づくり
　　　　第2時　円柱の性質調べ，手紙の返事を書く
　　　　第3時　いろいろな円柱
　　　第3次　まとめ　　1時間
　立体の作り方を友達に知らせるという情報の発信者として子供は，自らの知識を再確認し，何が必要な情報なのか，取捨選択を迫られる。その結果，伝える情報の内容を子供は主体的に考え，立体を作るために展開図をかき，そして何を作るのかということから見取図をかいている。
　一方，立体の作り方を伝えられる情報の受け手も，その情報からどのような立体が組み立てられるのか，立体に対するイメージ力が試される。同時に，情報の受け手は，一方的に手紙を受け取るだけでなく，その手紙に対する評価を含め，返事を書くのである。このように，子供が主体的に取り組み，情報のやり取りを通して，対話的に学習を進めていくことができる実践である。

第1次の三角柱の作り方を知らせる手紙

　子供たちの三角柱の作り方を説明する手紙は，受け手のことを考えるという立場に立って，必要以上の情報を発信している。しかし，それを発信者自身で見直すことは，なかなか困難である。それには，情報を受け取った相手の反応が必要になってくる。その反応によってはじめて，情報の送り手として自分自身の考えを見直すことができるの

である。

作り方を伝えた子供が受け手からの反応をもらっての振り返り

　返事を受け取った者は，自分の作り方の説明を再度振り返り，次の機会に，作り方の説明を修正する。この返事の手紙は，作り方を説明した者に自分の説明を振り返らせ，説明の仕方を修正させるきっかけを生む重要な役割を担っているのである。

　このように，手紙のやり取りという情報伝達による学習は，一般的な数学的なコミュニケーションによる相互作用の学習と同じように，相手の反応によって自分自身も変わるという側面がある。

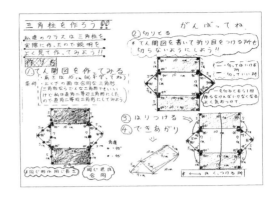

第2次の円柱の作り方の情報

　どの子も円柱の展開図をかき，作成の順番に番号や記号を付けて書き込んでいる。しかし，展開図だけでは，友達に自分の作った円柱が正確に伝わるのか，組み立てられるのか不安になる。そこで，面のつながり関係や見取図も手紙に書き加えているのである。

受け取った円柱の作り方の情報に対する返事

作り方の説明を受け取った者は，作り方の説明に対する評価をし，返事を書く。返事は，作り方の説明で作りやすかったのか，内容がわかりやすかったのかを評価している。

返事を書いた子供の気付き

これは，作り方の説明を受け取り，返事を書いた者の振り返りである。友達の作り方の説明にある25.12cmについて，実際には測ることができず，心配であったことが先の返事の中で記されている。受け取った説明について，友達に指摘しているが，そのことを振り返ることを通して，自分自身も説明の仕方の難しさを理解しているのである。

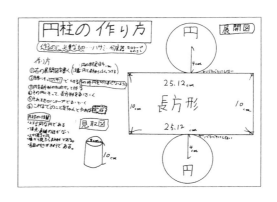

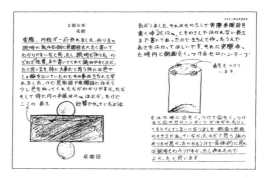

子供たちは，自分の知識を友達に説明しようと主体的に取り組んだ。そして，手紙という形で，交流を図ることで，自分だけでは気付かなかった不備や誤りに気付き，よりよい方法を見いだすことができ

た。まさに，学習者が主体的活動を通して，算数的知識を構成し，批判し，修正し，そして合意に達したものを協定し，選択していく過程を作り出せたのである。

3．算数の授業の構造

これからの算数の授業は，算数的に解決したことを基に，現実場面への適用と同時に，系統的な学習への2方面へつながる，次のような構造が求められる。

多くの算数の授業は，教師の工夫に基づいた子供たちの身近な導入問題を解決した後，教科書に沿って展開されてきた。学んだことの確認として単元末に評価のために市販のテストが多く用いられてきた。当然，分数のかけ算やわり算を学習した後には，分数のかけ算やわり算の計算問題であったり，それらを適用する問題であったりするだけである。分数の四則演算の関係や，さらに，整数や小数との関連性を問うような問題作成まで意識されていない現状である。

算数の授業を通して，算数的知識や論理的な思考を繰り返し体験してきているにもかかわらず，数学的な見方・考え方が十分に身に付かないのである。その結果，算数の授業を通して，獲得してきた算数的知識や論理的な思考が，実生活で活かされていると実感する場面に出くわさないのである。

このような，現実の社会とかけ離れた学びは記憶の中に閉じ込められて，新しい時代に必要となる資質・能力の育成につながっていかない。したがって，現実の社会に存在する真正な学びに限りなく近づけた学びに出会わすオーセンティックな学習（Authentic Learning）に，

着目していく必要がある。

　石井（2016）は，「テストをはじめとする従来型の評価方法では，評価の方法とタイミングを固定して，そこから捉えられるもののみを評価してきた。これに対して，パフォーマンス評価は，課題，プロセス，ポートフォリオ等における表現を手掛かりに，学習者が実力を発揮している場面に評価のタイミングや方法を合わせるものと言えよう<u>（授業や学習に埋め込まれた評価へ）</u>」と，述べている。

　このことからも，学んだ知識やスキルを現実の社会に適用できる課題として，パフォーマンス課題を取り上げ，算数の授業を現実場面への適用とつなげていくことが大切である。

　次の実践は，広島県庄原市立庄原小学校での「広島版『学びの変革』アクションプラン」に基づいて，「パフォーマンス課題」の開発と「ルーブリック」設定しての評価に基づく公開研究会における授業である。

第6学年　単元「速さ」（全10時間）
　第1次　速さ　　　8時間
　　第5時　プチパフォーマンス課題
　　第7時　プチパフォーマンス課題
　第2次　まとめ　　2時間
　　第1時　単元末評価テスト
　　第2時　メインパフォーマンス課題

　庄原小学校では，単元末に，これまで行われてきた知識を測定する評価テストを行い，最終時にメインパフォーマンス課題を取り上げ，ルーブリックに基づく評価を行っている。

　本校の特徴としては，単元のまとまりの中でもプチパフォーマンス課題を取り入れている点である。本実践では，2つのプチパフォーマンス課題を取り入れている。1つ目は，道のり，時間，速さの学習の後の第5時に，条件に合う目的地を選んだ理由を「速さ」や「道のり」を基に考える課題である。2つ目は，時速と分速と秒速との相互関係を学習した後の第7時に，50m走の記録を基に，マラソンを完走した場合の時間を求める課題である。

　次のようなプチパフォーマンス課題を取り入れることで，それまで

の学習がより一層現実の社会につながるものと子供に意識化される工夫を行っているのである。

第5時プチパフォーマンス課題

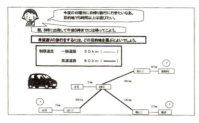

第7時プチパフォーマンス課題

最終時のメインパフォーマンス課題

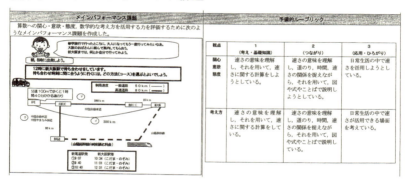

メインパフォーマンス課題に対しては，事前に予備的ルーブリックを設定し，子供たちの状況の変化に応じて，修正を加え，評価に対応している。また，このパフォーマンス課題を取り入れることで，子供たちは家族旅行という現実的な場面に，この単元で学習してきた速さの学習内容が適用されていることを認識できるのである。

【引用・参考文献】
石井（2016），「資質・能力ベースのカリキュラム改革と教科教育の構造」，全国数学教育学会の講演．
G. ポリア（1954），『いかにして問題をとくか』，丸善，pp.9-23.
庄原市立庄原小学校（2015），「庄原小学校教育研究会要項」．
中央教育審議会教育課程企画特別部会（2015），「論点整理」．
中原忠男（1999），『構成的アプローチによる算数の新しい学習づくり』，東洋館出版社，pp7-57.

第3部
提案と協議：
算数科における
「主体的・対話的で深い学び」の実現
―アクティブ・ラーニングの視点からの授業改善―

【参加者】
司会者：蒔苗　直道（筑波大学）
提案者：笠井さゆり（山梨大学教育学部附属小学校）
　　　　山越　励子（富山県砺波市立庄川小学校）
助言者：清水　宏幸（山梨大学）
　　　　中川　愼一（富山県南砺市立福光東部小学校）
　　　　清水　静海（帝京大学）

第3部　提案と協議

　蒔苗（司会）　現在，次期学習指導要領に向けての方向性が定まってきました。なかでも一番注目を集めているのは，やはり本書のテーマでもある「アクティブ・ラーニング」です。

　そこで，ここでは現場の先生方にアクティブ・ラーニングの視点を取り入れた算数科の授業実践に挑戦していただいておりますので，その内容を基に議論していければと考えています。実践につきましては，お二人の先生にご協力いただきました。富山県砺波市立庄川小学校の山越励子先生と山梨大学教育学部附属小学校の笠井さゆり先生です。

　また，助言のお立場としてお三方の先生にお越しいただいております。まずは，富山県南砺市立福光東部小学校の中川愼一校長。中川先生は小学校で多くの実践・研究をなされ，今回の中央審議会教育課程部会算数・数学ワーキング・グループ（以下，算数数学WGとする）のメンバーでもあります。次に，山梨大学の清水宏幸先生は，中学校で教鞭をとられていた経験があり，中学校の全国調査でも中心的な役割をされてきました。先生も算数数学WGのメンバーです。最後に，算数数学WGの主査代理で，本会会長の清水静海先生です。

　皆様，よろしくお願いいたします。それでは，早速始めさせていただきます。まずは，笠井先生の実践からお願いいたします。

「3年：かけ算」の実践から

　笠井　はい。よろしくお願いいたします。ご紹介させていただきますのは，3年生のかけ算「23×3の計算の仕方を考えよう」です。資料（P.199参照）にもありますが，指導計画では15時間あるうちのはじめの4時間にかかわる内容です。ここでは，2位数×1位数の部分積が1桁で，筆算につなげるための最初の4時間の3時間目となります。

《ここで育てたい「数学的な見方・考え方」》

　ここで育てたい「数学的な見方・考え方」は数の仕組みに着目して既習事項と結びつけて計算の仕方を考えられることです。前時では何十×1桁をやっているので，本時では23を20の束と3に分けて前時

算数科における「主体的・対話的で深い学び」の実現

の学習に帰着して考えられることをねらいました。また，計算の仕方を数の仕組みに着目して，図，式等で説明する活動を仕組めたらと考えて授業を展開しています。

《授業の要点》

導入は「ペットボトルのお茶が23円です。3本買うと代金はいくらですか」です。このときに子供が「この計算は微妙だ」という発言をしました。「式が言えますか」という発問から，23×3が出てきたので，その理由を問うと23円のものが3個あるからということでした。また，今までの計算はどんなことをやっていたかということで，既習事項を振り返るような問いも発しています。これまでの計算はぴったり数字で，九九や11の段，12の段まで計算できるという発言が出ました。今日は答えを求めるだけではなくて，23×3の答えを工夫して考えようという本時の課題を提示しました。

自力解決後，数をアレイ図にして考える子がいました。最初は囲みや20と3の切れ目はありませんでした。うまく見るにはどうしたらよいかということで「スパンしよう！」という発言が出て，20と3に分ける活動をしました（図1）。その後，

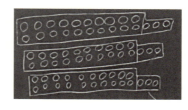

図1

ぴったり数字は計算しやすいということから，20×3＝60と3×3＝9ということで69という答えを出しました。

発表した子供の工夫した点を考えます。ここがおそらく対話的な学びの部分になると思いますが，スパンと切って左と右で計算して20がぴったり数字だから，ぴったり数字にするとどんなよいことがあるのかと問うと，「計算がしやすい！」という発言が出ました。ある子が「僕はもっと簡単に書ける」ということで，お金のように10を○で囲むという図も出てきました（図2）。この図が出たときに，「先のアレイ図と似ている

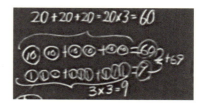

図2

173

ころはどこですか」という問いを出し，20と3に分けているところだということを全体で共有しました。

あとは計算です（図3）。サクランボのような形で20と3に分けるという計算が出てきて，

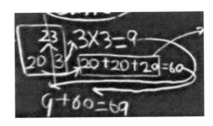

図3

これもぴったり数字で分けました。また，ただ発表してすべて20と3に分けているということではなくて，図で表現したことや式に表したことが似ているかどうかを押さえていきました。**発表したことを関連付けるようなところが，おそらく深い学びにつながる問いではないかと思います。**今日は23×3の計算について，工夫して答えを求めて，ぴったり数字でもないし，九九でもないけれど，みんながどういう工夫をしたかということでまとめています。「スパンとして，それから20と3に分けると69円が出せた。このお茶は69円です」というまとめでいきました。

最初の段階で，子供たちから20×3というかけ算の式が出てきません。この時間に出されたどの図でも20×3といかないで，20+20+20や23+23+23というふうに同数累加のような形が多く出てきました。しかし4時間目になると，同数累加で20+20+20とやっていた子たちが次第にかけ算で，最初から20×3と言えるようになる子が多くなってきました。今回の学びを次につなげることができたと思っています。以上です。

蒔苗 どうもありがとうございました。確認しておいたほうがいいことなど，先に伺っておきますか。

清水（静） 笠井先生，学習感想を書かせていますが，その感想の内容はいかがでしたか。

笠井 はい。いくつかご紹介させていただきます。

HS児は，「また，ぴったり数字にして計算したい」と述べています。23を20と3に分けることで計算しやすくなることを実感したから「また」という言葉が出てきたのではないかと考えます。

AS児は，「次はもっと中途半端な数字にして計算したい」と述べて

算数科における「主体的・対話的で深い学び」の実現

います。授業中, 20を「ぴったり数字だ」と発言した子供でもあります。きっと, どんな数でも同じように位ごとに分ければ, これからも計算できると理解したのではないでしょうか。AS児の言っている「もっと中途半端な数」とは, 「もっと大きい数」や「どんな数でも」という気持ちが含まれていると考えます。

HS児

AS児

友達の考えた図や式をみんなで読み合うこと, さらにその図や式の工夫や共通点を問い解釈し合うこと, それが本時の対話的な学びだと考えて授業をしました。KM児が述べている「TMちゃんの式がわからなかった」とは, 授業で扱ったアレイ図に対して授業者が, 「TMさんの（図を見て）式が言える人？」と尋ねたときのことを指しています。比較検討時に, 授業者と児童, 児童と児童

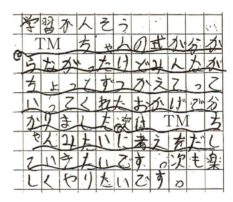

KM児

がやり取りしながら, 20と3に分ける線を加え, 20＋20＋20＝60とたし算の式を出し, 20×3＝60とかけ算へとつないでいきました。KM児は授業を振り返って, 「みんながちょっとずつ変えていってくれたおかげでわかりました」と述べています。授業者がねらっていた対話的な学びが, 授業の中で現れていたのではないかと考えます。

MH児の学習感想から，既習事項と結びつけ，本時の問題を理解した姿が伺えます。授業の実践でも述べましたが，

MH児

20と3に分けられた図を見て授業者が式を尋ねると，児童は20×3と言わずに，20＋20＋20と答えました。授業中，児童の考えを3つ扱いましたが，どれに対しても最初に指名した児童が20＋20＋20と答えています。発言として指名していませんが，かけ算で答えているつぶやきも少ないですがありました。それで，その都度，授業者が「直すと」や「かけ算に」などと聞き，20×3を見せていきました。児童は知っている計算に直して計算しているのですが，1，2時間目に学習した何十，何百×1位数ではなく，たし算に帰着していたのです。MH児は，自力解決時に自分の考えをノートに記述していません。また，本時の最終板書にも，「2年生で習ったかけ算でできる」という言葉は書かれていません。書かれている感想は短いですが，MH児の中で，1，2時間目に学習したことが授業を通して本時の学習に結びついたと考えます。

　SY児の学習感想は4時間目のものです。言葉は少ないですが，3時間目（本時）に学習したこと「スパン」を使って，4時間目の問題を解いたことがわかります。他の児童からも，3時間目に学習したことのよさを4時間目で実感する様子が，自力解決時のノート記述から見られま

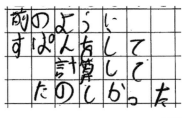

SY児

した。3時間目の自力解決時のノートには，23＋23＋23＝69と記述していた児童や，既に筆算の計算方法を知っていて筆算を書いていた児童が，4時間目の自力解決時には，十の位と一の位に分けて考えるノート記述が見られました。以上です。

　蒔苗　ありがとうございます。続けて山越先生，お願いいたします。

「6年:分数のかけ算」の実践から

　山越　はい。アクティブ・ラーニングの視点を取り入れた算数の授業ということで、3つの視点に基づいて授業を仕組んでみました。6年生の分数のかけ算です。はじめに、「主体的な学び」という点から、単元を通して「なるほど！　かけ算ガイドブックを作ろう」ということを考えました（資料：P.205参照）。

《ここで育てたい「数学的な見方・考え方」》

　本単元のねらいは、分数のかけ算の計算の仕方をこれまでの整数や小数の計算の考え方を基にして子供たちが考えること、それと、分数のかけ算が小学校で学ぶ最後のかけ算ですので、整数や小数のかけ算を含めて振り返って、全部のかけ算を統合的に考えていくことができるようにということを考えました。

《授業の要点》

　導入の段階で、整数、分数、小数のかけ算の表を提示し、どこまで学習してきたかと尋ねたところ、子供たちは「分数×分数をやっていない」「これをやったら全部のかけ算が制覇できる」と発言しました。そこからガイドブックづくりに取りかかるわけですが、ガイドブックは2年生で習った整数×整数から小数×整数や小数×小数……というふうに子供たちに目次を示すことで、あらかじめ見通しをもたせて作っていきました。

　ガイドブックの中身は、かけ算の意味、計算の仕方、かけ算のポイント（特徴）をまとめるとともに、最後に、これができたら次へ進めるという問題づくりを行いました。ガイドブックづくりを通して、整数や小数のかけ算の仕組みについての確認ができ、その方法を分数のかけ算にも生かすことができました。また、絵や図、式、言葉を使って説明することもできました。

　次に、「対話的な学び」に焦点を当てた授業に取り組んでみました。分数のかけ算は教科書を見ると9時間扱いです。そのうちの1時間目から7時間目までが分数の内容の理解になっています。あとの2時間は、練習や理解を深める時間になっています。この時間に、対話的な学びと考えを深める時間を取りました。

対話的な学びに焦点を当てた授業を8時間目にもってきました。そこでは、**分数×分数の計算の仕方をもう一回説明してみようという場面を作る**ことにしました。なぜそうしたかというと、2／9時間の「分数×分数の計算の仕方を考えよう」のときには、計算方法を一生懸命考えて求めます。しかし、分母×分母、分子×分子というのがわかってしまうと、その後の学習では、機械的に計算してしまうからです。そこで、もう一回おさらいするという意味でこの時間を取りました。ここでは、「分数×分数の計算の仕方を図や言葉、式を使って説明しよう」と投げかけました。

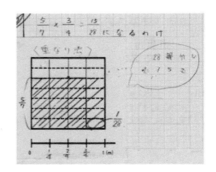

図1

図2

この時間はまず一人ひとりが考え、その後グループで説明し合いました。ここで考えが3つ出てきました。1つ目は面積図を使った考え（重なり法：図1）、2つ目は $\frac{3}{4}$ は4等分したうちの3つ分という考え（置き換え法：図2）、3つ目は分数を整数に直す考え（整数法：図3）です。全体の場面でそれを説明し合うときに、3つの考えを出した後に私の

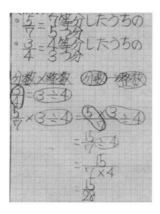

図3

ほうから「3つの考えに関連しているところはないですか」と言うと、$\frac{5}{7} \times \frac{3}{4}$ というのは $\frac{5}{7}$ を4等分したものが3つあるところが一緒だ、式にすると $\frac{5}{7} \div 4 \times 3$ になると発表しました。

それを聞いていた他の子が「これ、面積図と同じ意味だね」という

ことに気が付きました。2/9時の「計算の仕方を考えよう」で学習したときには，面積図（図1）の考えで精一杯だった子供たちでしたが「説明しよう」という課題をもってきたときに，**それぞれの考えに名前をつけたり，面積図（図1）と式が同じ意味を示しているというふうに関連付けて考えることができました**。ガイドブックでも計算の仕方を2つ書くようになりました。グループで発表することでそれぞれの考えを理解し，図と式を関連付けて説明できるようになったと思います。

　最後は，「深い学び」という視点から，子供がかけ算を統合的に捉える場面を作りました。ここでは「1Lの重さがA kgの砂があります。この砂のB Lの重さは何kgですか」という一部，穴埋めになっている問題を出しました。そして，AとBに整数，それから小数と分数を当てはめました。整数のときは簡単に答えが出ましたが，小数と分数の交じったものになると子供たちは小数と分数のどちらかにそろえて計算をし始めました。

　整数と分数，小数の3つの計算の仕方が出てきたときに，「かけ算の計算の仕方について似ているところはないですか」と問いかけました。そうしたら，「整数に直して計算しています」という意見が出てきました。「整数に直したほうがわかりやすく計算できる」という子供の意見が出てきたところで，「では，どんな計算ですか」と聞くと，「小数の場合，0.2×0.5は10倍して2×5になります」と板書を見ながら子供が言いました。

　それを見て他の子が「分数でもできるのではないか」と言いました。ここでもっと整理しておけばよかったのですが，授業はそのまま流れてしまいました。その子の考えは，分数が分母×分母，分子×分子の計算の仕方だけではなくて，小数のように計算のきまりを使って分数を整数にする方法もあるということを言いたかったようです。

　最後に，かけ算を整数，小数，分数のいつも横並びでするのではなく，**まとめて統合的に捉えることで整数が基になっていることに気付き**，次の「分数のわり算」にも少し生かせたように思います。

授業をどう深めていくか
―「主体的・対話的で深い学び」を実現するために―

中川 これまでの授業では答えを出すことに終始しがちな指導でしたが，今回は**主体的な学び，対話的な学び，深い学び**という3つにも焦点を当てて，指導することが期待されています。深い学びということがわかりにくいのですが，子供たちが自分の学びを俯瞰してその意味を考える場面を意図的に設けていく必要があるのではないかと思います。

山越先生の授業で言えば，もうちょっと踏み込んでみて，分数×分数を学んだ子供たちが，整数×整数，小数×小数，分数×分数，それぞれ別なものとして学ばないで，一つの同じものとして見る。**分数×分数という数理のメガネでこれまでの学びを見てみる**と何か見え方が違ってくるというところまでいけたのではないかなと思いました。

清水（静） それもありますね。

中川 山越先生の指導では，どのかけ算も九九をベースにしていて子供たちにわかりやすいまとめにしたところによさがあります。

清水（静） 九九以外に着目した子はいなかったのですか。

山越 整数までですね。あと，答えや式が同じであるとか，そういうところはやってきました。

蒔苗 かけ算の意味という点で統合していくのか，それとも計算の仕方自体の工夫というか，最初にかけて後で割るような，整数に直してそれをもう一度元の値に戻していくというようなアイデアで見ていると，小数のほうはそれでいいけれど，分数は最後の$\frac{2}{10}×\frac{1}{2}$という，どちらも10倍という見方や4等分したものの3つ分とか，同じ整数にするといっても見方がちょっと違います。こういった**統合の仕方**というか，深める部分を強調できるようだといいですね。

清水（静） 九九に帰着するとよいとか言ってしまうと，算数を専門にされていない先生が読むとこれ一つになってしまう可能性があります。この問題，入り口はむしろ発展なので，**過去のものを振り返っ**ていろいろ出して整理して終末に束ねていく。そうやって深めるのだと思います。

算数科における「主体的・対話的で深い学び」の実現

　分数の計算レベルや2位数×1位数のレベルにとどまらないで，既に知っているかけ算を頭に入れて，新しく勉強した視点からもう一度それまでのことを見直してみる。そうすると，例えば3年生の話だと「だったら，3位数×1位数なんてできちゃうよ」とか，そういうのが出てきてほしいわけです。

　蒔苗　3年生の20と3に分けるという式ですが，20×3はもう既に勉強していて，3×3もやっていてということなので，どちらかというと既習に結びつけて新しい計算方法を考えるというねらいですね。これをさらに深める，高めるという話になってきたときには，次の時間の筆算の仕方が視点になります。

　そうすると，ここでは位取りに着目するというのが一つの考え方です。いろいろな考え方で20と3に分けられましたという話ではなくて，十の位の計算，一の位の計算でできているんだというふうにして統合していけば，次の時間の筆算の指導につながるという話ですよね。

　笠井　そうです。

　蒔苗　そういった**何か深まりみたいなものがあればいいですけど**，そのあたりはいかがですか。

　清水（静）　でも，筆算を知らない子に誘導するわけにいかないんじゃないですか？

　蒔苗　多様な考え方を出したときに，「いろいろあるね」ではなくて，そのあとどうするかだと思うのですが。

　清水（静）　それぞれのアイデアを整理すればいいのではないかと思います。どのように考えているか。それは「やり方を考える」なので一般性はある程度考えなければいけないけれど，他の数でも使えるかどうかとか，そのぐらいはやってほしいですね。

　清水（宏）　私は笠井先生の授業を拝見していましたが，20と3に分けるところでは，十の位の計算と一の位の計算に分けることについての議論がありました。それを，サクランボのように分けるやり方のところで確認していました。このサクランボのやり方が筆算につながるのではないかと思いました。

　清水（静）　この**サクランボ**というのはもっと大事にしてほしいで

すね。サクランボは，最初はどこでやりますか。

　中川　1年生の繰り上がりですね。

　清水（静）　知っているものに帰着するときに使うのでしょう。サクランボがサクランボで終わってしまうのは，**深い学びからするとちょっと浅い**。サクランボはいつ使ったのか，それと比べてどこが同じでどこが違うのか。そのようなところまで切り込んでいただかないと**深い学びには至らない**のではないでしょうか。サクランボは方法についての深まりを実感できるという意味で，単なる知識や技能にかかわることとは質的に違いますね。

　結局，私たちの言葉で，子供にこうしてほしい，ああしてほしいというのは，聞こえているんだけど伝わりにくいでしょう。でも，**子供の使っている図や言葉に乗っかって結びつけて議論させていけば**，どちらかというと子供の意識に乗りやすいのではないかと思います。子供の理解を深めるとき，そういう図や言葉を見落としてはいけません。なんとなくサクランボで終わってしまってはもったいない。そこを切り返せるかどうかというのは**先生方の大変重要な資質・能力**です。先生方はそういうことをよくご存じだと思うけれど，授業を見せてもらうと，そこが素通りになってしまうことが多く，子供たちの意識に乗らないのです。

　中川　授業の記録を見ると「スパンした」という子供の言葉がありますね。

　清水（静）　そう，そこです。

　中川　「スパンした」とはどういうことか。方法論で23を20と3にしたと読み換えて，それでよしとしているけれど，どうしてスパンとしようと思ったのかなど，その奥にあるものをインタビューして引っ張り出す必要があるでしょうね。そうするとサクランボにつながるはずです。笠井先生は**既習事項に帰着して考えるということを数学的な見方**として大事にしていらっしゃいますが，それはとりもなおさず子供たちの行為には，どういう意味があるのかを明らかにしてあげることにつながるような気がします。

　清水（静）　最近いろいろなところで話をするのですが，特に解き手から見て，**問題を解くことができるというのはどういうことなので**

しょうか。

　G.ポリア（Polya;1887-1985）流に言うと，問題を分ける，分解するということ。つまり，**自分の知っているものに結びつけるために分ける**のです。私たちにとって解けたというのは，よく知っていること，**できることに結びついた瞬間**に，「あっ，そういうことか」と思うわけです。

　私たちはそれを試行錯誤しながらやっているので，遠回りしたり，無駄が多かったりするでしょう。これをシェイプアップして，筋道を整理していくことで無駄を省いてよりよいものを目指していきます。子供たちにも，小学校や中学校の算数・数学の学びを通してそのことを実体験してほしいのです。

　中川　今，清水先生が仰ったことを子供たちの言葉に置き換えるとすると，23×3をいっぺんにするのはとっても大変そうなので，23を20と3と見たら20×3と3×3の2つのかけ算に分けることができる。**20×3も3×3も僕たちの知っているかけ算だから，それならやれそうだよね**。こういうことを子供たちに議論させないといけないわけですね。

　清水（静）　そうです。それができるように，2年生で12×3などをやっているわけです。このときに10と2に分ける子供もいるけれど，6と6に分けたり，8と4に分けたりするでしょう。

　アレイ図で操作的に説明するようなことがあるわけです。その類推であれば，20と3に分けるだけではなくて他の分け方も出てくるかもしれません。しかし，あえて20と3に分けたところが重要なわけでしょう。そういう話をしていけば，将来筆算にいくかどうかは別にしても，サクランボで分ければいい。分け方にも計算のしやすさというか，既習とのつながりをわかりやすく説明するなど，いろいろな分け方がある中でこれが選ばれるという議論はありうるわけです。

　笠井　授業の最後ですが，サクランボが出るところで分けてやるときに7と16に分けようとあえて言っています。すると，子供たちは「だめだ」と。「分けるにはぴったり数字で」と言っていました。

　清水（静）　これは大事なことです。なぜ20と3なのかをクローズアップするためですね。あと，そもそもこの問題は1時間目や2時間

目あたり，もっと最初にやるべきことかどうかは議論の余地がありますね。3年生だとやむを得ないのかな……。

　問題解決を広げて考えると，子供によっては23×3をぶつけて，20と3に分けてやるという計画のときに，何十×1位数をやっていないから，その決着をまずつけようという話もありうるわけです。ただ，そんなことをやったら子供がついてこられるかどうか。いずれにしても，中堅以上の先生方には子供たちの状況に応じて，細心かつ大胆な対応を期待したいものです。まさに，カリキュラム・マネジメントの心です。

　中川　そうですね。子供たちは何十×1位数について，必然性をもって学んでいるわけではありませんね。

　清水（静）　そうそう，先生の都合でやっているわけだから。そんな感想があるかもしれない。先生がやれと言うから何十×1位数をやったけれど，23×3のところで効いてくるとわかった。そうなれば2時間目はどこで効くかという話に関心が向かなければいけません。何百×1位数をやったことはどこで効くのかという問いや疑問が，この話の後に何人かの子から出てくるかもしれない。それが出てくるためには，1時間目，なんのためにやったのかということです。その関係を意識できるように導いていただけるかどうかですね。

　中川　教えるところは教えて，考えさせるところは考えさせて，というメリハリをつけてやっていくことが大事だと思います。

　清水先生が仰った中で，アクティブ・ラーニングというのは子供たちの頭の中をアクティブにすることであり，何もグループ活動をすることではないということについてですが，**頭の中をアクティブにするためには問いの質を高めていくということ**を教えていただいたような気がします。それには授業者の問いも変えていかなければいけません。問題を確認するところで「求めるものは何ですか」「答えは大体どのくらいですか」と言うこともよいのですが，練り上げや振り返りの場面で「それはどういう理由からですか」「どういう意味でしょうか」「いつでも使える方法ですか」など，一般化を促したり，解釈・説明を引き出したり，子供たちがわかったことを少しメタ化するというふうな問いを授業者が使っていくことで，**子供自身が上質な問いを**

知識・技能が生きて働くために必要な「理解」

　清水（静）　中央教育審議会教育課程部会「次期学習指導要領等に向けたこれまでの審議のまとめ」（H28.8.26，以下「審議のまとめ」とする）を読ませてもらうと，内面化された知識，構造化された知識が話題になっています。単に知っているではなくて，「なぜ」にかかわる諸々のことも入っています。当然「どこで役に立つのか」も入っています。私は個人的には，評価の観点で，知識にくっついていた「理解」がなくなったというのは大変結構なことだと思っています。

　これまでは，知識・理解の「理解」の位置付けと，学習指導要領の文面にある何かを理解するとか理解できるようにするという「理解」と，2通りに使っていたわけです。

　観点別学習状況の評価の観点（以下，評価の観点とする）「知識・理解」における理解というのはknowledge and comprehensionのcomprehensionです。学習指導要領の本文はunderstandです。使っている英語が違います。comprehendはcomprehensiveだから総合的に結びつけるという結構，意味深な言葉の意味もあると言うけれど，そもそも知識・理解という評価の観点で出てきた理解はcomprehendです。意味を知っていて，それを再生できるというレベルのこと，すなわち記憶再生レベルのことを知識・理解の「理解」としていたわけです。ところがunderstandは，後ろに潜み隠れていて見えないものをつかむという意味がありますので，勉強して「めがね」を獲得しないと見えないのです。実は，このねじれを平成元年改訂にともなう評価の観点の見直しの際に知識・理解における理解を外すか別の用語に替えることを検討しました。よい案が浮かばず，今日に至っています。

　今回は知識・技能のところの説明に，既習と関連付けるとか結びつけるということが重要なフレーズとして使われています。ということは，今回の知識や技能というのは理解の裏付けをもっていないといけません。そういう意味でいくと評価の観点の一つとして，今までずっ

と知識・理解としてきたけれど，そこから「理解」が外れて「技能」がくっついたというのは，私から見ると大変に重要な変化だと思っています。それで知識・技能と言ったときに構造化，あるいは概念化，体系化というのが成り立つわけです。これは**理解の質**を問題にしているのです。知識・技能の習得にかかわるアクティブ・ラーニングでは，それが問われることとなります。

　中川　知識・技能には，「**生きて働く**」という形容詞がくっついていますものね。

　清水（静）　「なぜ，学ぶのか，身に付けるか」がないと，フリーハンドでは知識や技能を問題解決する過程で使えないでしょう。

　中川　これまでのように教師が子供に，ただ与える，教授する，インプットするという知識・技能ではいざというときにうまく使えないですよね。

　清水（静）　使えるところまではいかない。それで今の基準では，総則の学力観を示した部分で，習得・活用・探究の文脈で，**活用を顕在化させている**わけです。そして，その**活用を問題解決の過程**で支えるものとして**思考力・判断力・表現力**等の能力を位置付けているのです。

　清水（宏）　3年生の授業では，子供たちは，1，2時間目の学習のときには，本時の授業で使えることはわからずに学習している感があります。そうすると，やはりこの1，2時間目は3時間目とひっくり返してやるということも考えられますね。まず，単元のはじめに本時のような計算を必要とする場面を提示して，この計算をしたいんだけど，この計算ができるようになるためには，1，2時間目での学習が必要になります。だから，そこから学習をしていこうという流れです。

　清水（静）　それは目の前の子供に依存するからなんとも言えませんが。笠井先生も話題にされていますね。でも，できると思います。そのためには，先生がなぜ，それを最初にやるのかをきちんとわかっていなければいけませんね。そして，子供たちにはこの勉強がどこで役に立つのか考えておいてほしいわけです。ずっと気にかけていたら，3時間目に出てきた。それで気付いてほしい。気付かなかったら

気付かせてあげてほしいです。

　本来は23×3が出てきたときに，皆さんが20と3に分けたりして，これを解決するには，何ができたら解決できるかを考えることが大事ですよと。これはまさにG.ポリアの話です。問題解決するときにはかみ砕いてというか，問題を分けたり，解釈したりして自分の知っているものにいかにくっつけるか，というふうにものを考えてほしいのです。

　裏を返すと，これは理解と同じです。**理解するというのは，自分の知っていること，できることにくっつけて納得すること，受け容れることです。それが既習と結びつけるということです。**

　どの子もみんなわかってほしいという私たちの期待はあります。でも，わかってくれない子もいるでしょう。あるいは，期待以上にわかってくれる子もいるでしょう。そこに個人差が出てくるわけです。**どこまで遡れば，この子はわかってくれるかをそれぞれ探りながら対応していくこと**が子供同士の関係においても，子供と教師の関係においても大切になってきます。

　子供たちが**対話的な学び**をするときに，A君とB君がペアでやるときに，例えばA君がノートを読んで，こうやりましたと言ってB君に見せることが結構多い。そのときにA君は，B君は自分よりも賢いから，見せればわかってくれると思うのか。あるいは，B君は算数が苦手なので，これを見せてもわからないから，どのようにしたらB君にわかるような説明になるか。B君にどのように説明したら，自分の考えが伝わるのかということを考えて工夫をしてもらわないとアイデアの共有はできません。

　そこに思いやりの話があり，人間性絡みで出てくるわけです。あるいは，やさしさの話が出てくる。**主体的な学びへの態度にかかわります。**これらは，人間性にかかわることなので，それらは個人内評価で対応することになっていますが。

　蒔苗　外からは測れないということですね。

　清水（静）　でも，学びに向かう力というのは，そのように考えてみると，何か気にかかることをそれぞれもてないと学びなどには向かえないですよね。これはわからないから，もっと勉強したいとか，で

きないからできるようになりたいとか，いろいろ勉強してたくさんのことが出てきたけれど，どうにか束ねたいとか。そうできるかどうかは別だけど，そのように思うことは大事です。また，そのような思いで学びを遂行して得られたことが意味のあることであることを実感する機会があれば，まさに鬼に金棒ですね。それがたぶん**学びに向かう力**を強化してくれると考えられます。

蒔苗 そういうことにつながる**必然的な問い**というか，それが深めるという部分になるのですね。

本来の対話的な学びを実現するには

清水（静） 山越先生のお話で**対話的な学び**の場面がありましたが，私たちが期待する**対話的な学び**があるわけです。それを実現するためには，子供たちをどのように鍛えておいたらいいのかということは考えなければいけません。

中川 山越先生に**対話的な学び**の場面をやっていただいたとき，次のことをお願いしました。これまでの算数のように正解を求めて，最後に正解が出たらそれでよしというような正解を求める算数ではなくて，「対話的」「考えの交流」のある算数なので，みんなで納得解を生み出すという授業を試してみてほしいということです。

そのような考えで授業を構想すると，「分数×分数の計算の仕方を説明しよう」という説明型の課題にせざるを得なかったのです。説明ですから，どの説明も至らないなりにもそこそこの正解です。でもそれは暫定的な解であって，最終的な超正解ではない。みんなで議論していく中でその暫定解をブラッシュアップしてよりよいものに仕上げていく。そういう学びをつくり上げることができないかということで試してみてもらったのです。

清水（静） 山越先生，これまでの授業でペアやグループで学習した場面がたくさんあると思います。先生に言われたことを真に受けて，子供なりにやっていますよね。それがうまくいくためには，どうしたらいいのか。うまくいくという意味については，今回の**対話的な学び**というのは何のためにやるかということが書かれていますよね。

それが実現できているということになりますが。

　異なる考え方に触れることによって，**自分も友達も考え方が深まる**。場合によっては問いと関係のない，**別の新しいものに気付く**。このようなことが期待されていますが，先生が出しゃばらずに，そばにいるだけで子供たちだけでできるようにするにはどうしたらいいか。

　これはたぶん算数だけの問題ではないと思います。そうなると1年生は1年生なりに，6年生は6年生なりに，学校を挙げて発達段階に配慮して何か手を打っていかないといけないでしょう。形式だけ，型だけわかってもだめですよね。今までを振り返り，これからよりよく指導するという立場からすると，それはどうなのでしょうか。

　山越　今まではペアでどちらと言えば相談することが多かったです。正解を出す前に自分の考えを友達に聞いてもらって安心したり，互いの考えが同じか違うかを聞き合ったりしていました。でも，最近は全体での話し合いの中で，考えが出た後にそれを練り上げるとき，ペアや3人で話し合う活動を入れていけばいいと思っています。ペアよりも3人のほうが，1人が2人の対話を聞いて考えることができるのかなと考えています。

　清水（静）　私はペアや3人での話し合いを大事にされるのであれば，その話し合いの結果について，あるいはプロセスについてそれ自体をきちんと発表させるべきだと思います。話し合いの結果発表というと，「やり方を発表しましょう」「答えを言いましょう」ということになってしまいがちです。もちろん，それも大事ですが，グループでの議論を上手にできるようにするということを考えているのであれば，**このグループはこんなふうに議論して，こんなまとめができて，学習の成果がうまく整理されている**，というところまでクラス全体で共有したいものです。

　ペアであれば，この2人はこういう議論をして，それぞれの考え方を理解し合っただけではなくて，Aさんの考えを基にしてBさんは自分の考えをこんなふうによりよくしましたとか，あるいは，このままだとBさんはとても理解できないとAさんは思って，新たに説明の仕方を工夫して，Bさんにわかるように説明してくれましたとか，このようなことをたまには，ペア学習，対話的な学びの成果として発表す

る機会を設けて，ペアやグループのよい対応を共有すべきだと思います。
　そうしないと，なぜ対話的な学びが必要なのか，具体的にそれはどのような学びで，どのように進めたらよいか，どうしたらうまくいくのかなどが子供に理解できないのではないかと思います。いかがでしょうか。
　蒔苗　最近は，いきなり1人で発表させると意見が出にくいから，そういった活動を挟んだほうがいい，それくらいの話になってしまっていますね。
　清水（静）　まさに型になっていますよね。根拠もはっきりしていないので，本当にそれがいいかどうかもわからない。
　蒔苗　対話ということの理解が失われているところもあります。
　中川　発表のためのペア学習ではいけないし，4人の中でよくわかっている子がいて，その子の考えを承るというのもいけない。考えが交流されて，そこで練り上げられるものがないといけないと思います。そのためには，異なる考えこそ自分の考えを高めてくれるものだという，異質なものへの許容と敬意を身に付けさせる必要があるでしょう。
　清水（静）　そのためには，その事実を見せなければいけないと思います。誰が見ても明らかにAさんとBさんは違う。でも，2人の議論は違いを確認するにとどまっていない。その後の学び合いを通して立派な考えに到達できたといった事実ですね。
　中川　とんでもない誤答を言ってくれたおかげで，あるいはミスコンセンプションを言ってくれたおかげで，みんなの考えが深まったということを，折に触れて教師は子供たちに意識付けしていかないといけないと思います。
　それから，グループでまとめるときに，子供たちはどうしても完成品のきれいな文章を作りたがります。そうではなく，見え消しや吹き出しなどで削ったり付け足したりしながら皆で文を作っていくようなことを大事にしていくことが必要です。
　清水（静）　今，きれいに書き写すノートが多かったりしますが，最後の段階で整理し直したらそうなりますが，授業の途中では何かが

あるんですよね。そのあたりは，実際に子供たちへの指導ではどうなっているのですか。

山越 **消しゴムは使わないようにしています。**自分の考えてきた過程を残しておくことは大切なことだと考えます。また，間違いの原因もわかることがあります。

清水（静） そのへんは中学校ではどうですか。

清水（宏） 中学校でも，自力解決後のグループ学習に入るときに，せっかく自分の考えを書いていても，自信がないのかその考えを消しゴムで消してしまって，それから話し合いに参加するという子供たちが見られます。ですので，自分の考えを消さないでそれを残そうという取り組みをしています。

清水（静） 残すといっても，恥ずかしいとかネガティブなイメージがあると，子供は残してくれません。**間違っても残しておいてよかったという事実を**，授業の中の一コマとしてしっかりと子供に見せてあげないといけませんね。

中川 板書に見え消しや吹き出しを使って，説明の文を完成させていくことを示すようにするとよいと思います。その場合は学級全体で考えを作り上げることになります。**いろいろな子供の意見等を入れて，できるだけ完璧な説明にしようということで，無駄を省いて，見え消しでひいたり，足りないことを補ったりというのを板書で完成させると**，子供たちはノートでそれをやっていこうかと始めます。

清水（静） それをやると，毎時間そうしないといけないと思う先生もいっぱいいますよね。それだと大変でしょう。

中川 だから，大事なところでやるなど，メリハリが大切ですね。

清水（静） 大昔，間違いは大事だから，間違いを取り上げるために間違っている子はそのまま放ったらかしにしておくということがあり，それがいいか悪いかという議論がありました。普通はよくないですよね。ヒントを与えたり自分で考え直したりして，やはり直させるべきです。そこでうまく直せた子がいたら，**そのすべてのプロセスを発表させるべきです。**でも，そういう話はほとんどありません。間違ったのをそのままか，直した最終的な結果しか発表されない。しかし，間違いは大事だから消さないで残しておきましょうと言い続けて

いませんか。

蒔苗 評価の部分でそういうものがちゃんと位置付けられないと，子供も残せないですよね。最後はやはり，テストで測られるという話になってしまいますから。

清水（静） 今回の改訂では，学習・指導，目標と内容，評価の一体化と言っていますから，よりプロセスが重要になると思います。

蒔苗 プロセスをきちん評価するという仕組みが先生方にも子供にも伝わらないといけませんね。最後はテストだという話になるとどうしてもきれいに，大事なところがまとまっているのが残っていたほうがいいと思うでしょうから。

数学的モデリングへの意識を高める

清水（静） 学習評価において，ペーパーテストで収集できる情報だけでは，できることには限界があるわけで，それを補うためにはどういう情報が必要なのか。先生方は，ただでさえ忙しいのにもっと忙しくなるので大変かもしれないけれど，要領よくうまくやってもらわないといけないかなと思います。

もう一つ，多くの場合，授業ではいきなり式を出して計算の仕方を考えるのではなく，問題場面から入りますよね。その問題場面がなぜあるのかということを，皆さんは理解されているでしょうか。

本来は，今まで小数の計算をやってきて，分数は知っているけれどかけ算はやっていないからやってみたいとか，むき出しに分数×分数の計算の仕方を考えましょうでもいいわけです。

3年のかけ算でも，23円のお茶などと言わなくても13×3とか3×12はやってきているわけです。にもかかわらず，なぜ「1本23円のお茶を3本買います。代金はいくらですか」と問題場面を用意するのか。そして，その始末はどうつけるべきなのかということです。

この場面であれば，どんな解き方をしてもいいでしょう。23＋23＋23でもいいし，23×3でもいい。既習を基にすれば23＋23＋23というのは，実際の経験から見ても明らかにいいわけです。

小さな問題ですが，大げさに言うと日常の事象からスタートする問

算数科における「主体的・対話的で深い学び」の実現

題の解決，数学の問題からスタートする数学の問題の解決という学習過程の2つのパターンのうちの一つに対応しています。でも，そういう認識がちょっと薄くて，計算のためのツマになっている気がします。この場面はシンプルですが**数学的モデリング**の場面です。文章題の解決というのはモデリングの典型ですが，その意識があるかということです。

　演算決定について議論するというのは，今まで知っているどんな算数に翻訳しますかということを議論することです。「1本23円のお茶を……」というのが日常的な事象だとすれば，不自然な面もありますけれど，そこは多少目を瞑っていくと代金は23＋23＋23で求められます。それは1本23円で，3本買ったからです。そういう数学の問題に翻訳するわけです。答えは69で，今度はそれを元の場面に戻して考えると，単なる抽象的な69ではなくて，代金69円ですとなります。数学の結果を場面に戻して解釈する。この一連の問題解決のプロセスが数学的モデリングのプロセスに対応しているわけです。

　全国学力・学習状況のB問題のようなことをやらないと，日常の事象や社会的事象からの問題発見，問題解決ではないなどと勝手に思われては困ります。教科書の問題も単純だけど同種の問題なのです。

　最初は，次元の低いたし算，ひき算を使って答えを出したって構わない。でも，この場面の類推からすると，3円のものを3本買ったら，3×3のかけ算を使っている。この場合も類推すれば23×3としたい。もし23＋23＋23とやると同じ数が3つあるから，1つ分×いくつ分ということで，これを根拠にしてやれば23×3と表せるはずです。アナロジー（類推）です。

　23×3でもよさそうだとなったときに計算はどうするのでしょうか。一つは，かけ算の計算の意味に基づいて累加でやる。でも，もっと工夫できないかといって，23×3の計算の仕方を考えましょうとなるわけです。つまり，**代金を求めましょうという数学的モデリングの文脈での解決すべき問題と，そこから派生した新たな問題についての解決と，2つある**わけです。

　これまで30年間，ずっと話題にしてきましたけれど，その区別があまりなされていません。この入り口の問題場面が，計算の仕方を考え

ようの「ご挨拶」になっています。

　もちろん，クラスにはいろいろな子がいます。問題が解けるというのは既習と結びつけることですから，むき出しの23×3の計算の仕方を考えましょうと言ったときにお手上げな子もいるでしょう。その子たちに対して23円のお茶を3本買って，代金はいくらですかということをつければ，何かかかわれるという前提があります。でも，その前に，この場面で出した責任において，数学的モデリングの文脈で決着をつけなければいけません。

　さらに本来ここで大切なことは，「23×3の計算の仕方を工夫しましょう」ではなくて，結果の69は既習のことを使えば容易に出せますので，「23×3＝69になることを説明しましょう」と焦点化することです。だから私から言うと，失礼な言い方ですが，数学の本質論で外してはいけないと言っておきながら，皆さんの都合で子供を引きずり回しているように思われます。そこを変えるだけで，授業においてこれから期待されている部分はかなり実現できやすくなるのではないかと思いますが，いかがでしょうか。難しいことではないはずです。先生方のスタンス，気持ちの問題だと思います。

　中川　「代金を求めましょう」だけを掲げて，そのまま1時間終わる授業というのは，どう思われますか。

　清水（静）　おかしい。解決する問題が途中からすり変わっています。

　中川　子供は最初の問題提示の段階で69円ということがわかってしまったら，あとは思考停止してしまいます。答えが出たら，そこで新たな問題がみんなで共有されないといけません。清水先生が仰ったように23×3が69になることを説明しましょう，69になるわけをわかりやすくお話しましょうというような課題が顕在化されることが必要です。

　清水（静）　場面があってもいい。それでなければだめということではないですよ。いろいろあっていいわけです。

　清水（宏）　今の教科書の多くは，計算の仕方を考えましょうというような課題になっています。

　清水（静）　そこへもっていくための誘導でしょう。教える側はわ

算数科における「主体的・対話的で深い学び」の実現

かっているので，子供は後で気が付いて，そういうことだったのかとわかればいいことだけど，学び手から見れば最初に出題されたものもやはり一つの問題です。決着をつけないといけません。決着つけることで，新たな問いが生まれる機会になるでしょう。

　中川　教科書では答えは後に登場しますよね。

　清水（静）　見せてしまったら考えません。つまり，教科書をなぞる授業が多くなっているから，そういうことになってしまうのです。いろいろな事情があるだろうし，それぞれに善し悪しはあるだろうけれど。

　中川　そうすると，答えが出ている子は我慢していなさいとなってしまいます。

　清水（静）　そこのメリハリを変えるだけでも，新たな問いが子供から生まれるじゃないですか。とにかく，メリハリをつけていただいて，その**節々で次に話題にすべきことが子供から生まれるように**導いてほしいのです。それが問いとか疑問からスタートする問題設定，問題解決，次の学びへのつなぎです。

思考力・判断力・表現力をどう育成していくか

　清水（静）　思考力・判断力・表現力にかかわることはあまり話題になっていませんが，2つの授業を通じて能力の育成という視点から見たときに，この授業でこのように働いていますか。結果，より研ぎ澄まされていっていますか。

　中川　思考力というものを，これまでの多くの先生たちが捉えていたように，答えを求める，正解に向かって進む力だけではなくて，**既習の学びと学びをつないで，そこから新たなものを生み出す力**だと捉えていくとすれば，例えば23×3のときに子供はスパンとしたと言うけれど，2年生のときに2桁＋2桁も一の位と十の位に分けてやった，あれだってスパンとしたことだよねと。そんなふうに学びをつないで，そこから新たな付加価値を生み出す力をはぐくんでいきたいものですね。

　清水（静）　中央教育審議会教育課程部会教育課程企画特別部会

「論点整理」(H27.8.26)で、思考力、判断力、表現力についての説明があります。表現力の説明はちょっと弱いけれど。思考力は探究を遂行するためのエンジン、判断力は選択にかかわり、エンジンを最適条件で動かし、働かすことの調整に関わることといってよいでしょう。

中川 判断する場面というのは、これまでの授業ではあまりないですね。これからは、意図的に作っていかなければいけないですね。

清水（静） 先ほどの山越先生の実践だと、今まで勉強したかけ算について整理して、それをどのように束ねていくか。いくつかの視点を子供は考えるでしょう。それのどれから行くのか、どれにするのか。あるいは説明するときに図を使うのか。代数的に文字を使ってするのか。あるいは、うまく混ぜこぜにしてわかりやすくするのか、などでしょうか。

中川 答えを求める授業だとそれはできにくいので、説明をみんなで磨く授業にしないと判断場面はなかなか生み出せないですね。

清水（静） 今の学力観の中核に習得・活用・探究が据えられています。総則に書いてある学力観は、**習得**したものを**活用**して問題を解決する、**探究**する、新たな問題を解決する。そのときに活用を支えるものとして能力が位置付いています。

つまり、**習得**したものの中から必要なものを選んで、それを組み合わせて**探究**に生かすわけです。だから、部品だけあっても役に立たないのです。例えば、知識の習得では、単に知っているではなくて、これはどういう意味で、どこに使えるかということまでを習得に含めたいです。

この問題を解決するために習得したものの中からどれを選んで、どのように組み合わせて使うかとなると、その問題をただ見ているだけではだめです。簡単な問題だとうまくいっても、それを試行錯誤でやるわけです。最初からうまくいかない。結果、自分の知っていること、できることに結びついたとき、これは解けそうだと思う。その**手探りの段階**があまりないのです。

もう一つ大事なことは、**学びに向かう力**や能力の話は汎用性が高いですが、算数・数学の独自性というのは知識・技能に比べると薄くなりますよね。薄くなると勘違いされます。汎用性を強調すると、筋道

を立てて考えることは大事です，ということだけで，筋道を立てて考えることの指導が終わってしまうこともありえるわけです。このことは，**具体的な問題解決に根ざしていないと意味がありません**。それで，深い学びがまた別な意味で重要になってきます。そのへんのところも気を付けていただかないと，お題目を唱えているだけではだめです。そうしたときに**算数でなければできないこと**，**算数だから他の教科よりうまくできること**を整理していかないといけません。もしそれがなかったら，算数は教科としていらないってなってしまいます。

先日，昔の仲間である理科の先生から，「算数は時間が多くてもあまり役に立っていないのではないのか，理科にほしい」と言われました。算数・数学がそういうふうに思われているのです。これだけ嫌いな子が大勢いて大変だといわれている一方で，世間的にはそれでも算数・数学は大切だと支持してくれています。だからこそ，そのことにどう応えていくかという問題があります。そう考えると，能動的に学んでもらわないと困るわけです。ですから，これは単なる改訂のためのアドバルーンではありません。算数という教科の存亡にかかわる重要な問題です。

G.ポリアに学ぶ

清水（静）　それと，先生が言ってしまっている部分で，子供に言わせたい部分があります。今まで大事なところを先生が言ってしまっているけれど，子供のほうからそういうことが問えるように，気付くことができるようにするにはどうしたらいいか。

そのためには**普段から「どんなことを問題にしたいですか」と聞くべきです**。そのときに**次につながる疑問**が出てくれば先生の期待したとおりで，出てこなければ先生の指導が悪かったことになる。ごめんねと，もう一度指導します。そうしないと**主体的な学び**に導けません。先生がいないと勉強できませんとなってしまいます。それは低学年，1年生の後半からやっていくことだと思います。

それを繰り返し指摘しているのがG.ポリアです。例えば，名著『How to Solve it』においてです。日本の書名は，『いかにして問題

をとくか』という題に訳されています。「いかにして問題をとくか」だと「How to Solve Problem」などとProblemが入っていてもいいはずです。では，なぜitなのでしょうか。

　先ほどの23円のものを3個買ったらいくらですかという問題でも，69を求めることだと思い込んでしまえば，それだけのことです。思うに，それはitの目指すところではありません。itはそれをきっかけにしていろいろな**意味深いこと**が明らかになることです。どこに関心をもって何を明らかにするのかは人によって違います。だからitはいろいろです。

　まずは，その問題を解き，一応答えを出します。しかし，その**問題の解決をきっかけにして，問題の背景にあること，ものごとを発見する**ためのknow-howなど，いろいろ教育的に**価値のあることを見いだし，獲得していく**のです。それらが，itに託されているとみてよいかと思います。したがって，日々の算数の問題解決でも，解決の過程や振り返りの過程でG.ポリアの思いを実現できるようにしていけたらと思います。

　蒔苗　まだまだ論点はあるかと思いますが，お時間となりました。アクティブ・ラーニングの深い学びという点について，授業を基にお話いただきました。理解や評価，対話，最後には，問題ということの意味についても考えることができました。これで提案と協議を終わらせていただきます。皆様，ありがとうございました。

提案1
第3学年：かけ算の筆算

笠井 さゆり

1．はじめに

本時のねらいは，部分積が1桁の2位数×1位数の計算の仕方を工夫して答えを求めることができるようにすることである。

本時で育てたい数学的な見方・考え方は，数の仕組みに着目して，2位数×1位数の計算の仕方を既習事項に帰着して考えることである。そのために，図や式で表し説明する活動を授業で取り入れたい。

2．実践事例

(1) 第3学年「かけ算の筆算」
(2) 単元計画（全15時間）
　第1時　何十×1位数の計算（1/15）
　第2時　何百×1位数の計算（2/15）
　第3時　2位数×1位数（部分積が1桁）の計算の仕方を考える
　　　　　　　　　　　　　　　　　　　　　　　　（本時：3/15）
　第4時　2位数×1位数（部分積が1桁）の筆算による計算（4/15）

3．実践の概要

(1) 3つの視点に重きを置いた授業
① 主体的な学び

本時で期待する主体的な学びの姿は，「前（1，2時間目）にやったことが（本時に）使える」や「もっと大きい数でもできそうだ」など，子供が自ら問いを広げる姿である。そのために，課題提示で，既習と未習を明確にし，子供が見通しをもって課題に取り組めるようにした。このように，既習を用いて解決できる体験を重ねることで，「次も既習を用いてできそうだ」と子供が主体的に問題解決に取り組もうとする姿が育つと考えた。

② 対話的な学び
　本時は比較検討時に，友達から出された考えに対して，どんな工夫があるか，考えと考えに共通点があるかについて，互いに問う場を設定した。友達の考えを，「どんな工夫をしているか」「共通点はあるか」という観点で解釈し合うことを通し，本時のねらいに迫ることができるだろうと考えた。
③ 深い学び
　学習が子供にとって深い学びとなるためには，既習と結びつけ未習の問題を解決し，子供が算数をつくったと実感することが大切である。そのために，前時までの何十，何百×1位数の学習で，既習を基に新しい計算の仕方をつくる授業を行っている。また，図に表して説明したり，友達の図の表す意味を解釈したり，式を解釈したりする活動を丁寧に行っている。

(2) 授業の実際
① 課題把握
　本時で扱った場面は，「1本23円のペットボトルのお茶，3本分の代金」である。代金を提示すると，「微妙」とつぶやく子供，さらにそのつぶやきを受け，今までは「ぴったり数字」だったとつぶやく子供が見られた。
　　T：はい。このお茶は，1本23円です。
　　C：何？　すごい安いね。
　　C：微妙。
　　C：確かに。
　　C：普通なら，ぴったり数字だったんだよね。
　　C：ぴったりすぎてね。答えがわかった。パッとね。
　立式し，既習のかけ算は，何十，何百×1位数の「ぴったり数字」であったこと，九九や11の段，12の段であれば計算できることを確認し，「23×3の答えを工夫して考えよう」という課題を提示した。
② 比較検討
(ア) 図で考える(数を○で表現)
　TM児が図1のように，場面を表した。なぜこの図1は23がわかり

やすいか問うた。子供がわかりやすさを説明するうちに，20と3に分けることを，「スパン」と言い出したので，20と3の間に線をかき入れた。

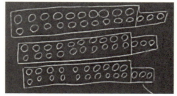
図1

C：10と10って区切ればいいじゃん。
T：あ，なるほど。こう（縦に切る仕草）やればいい。
C：うん。
T：わかる？
C：3の部分で線，スパンってやっちゃえば。
C：先生，先生。3の部分でスパーン！

図から立式し全体で答えを求めた後，どんな工夫があったか問うた。

C：えっと，あのスパンって切ったところの左側のほうが20で，それを3回たして60になって，それでその右の3の方を3回たして9になって，それを合わせたのがわかりやすい工夫だった。
C：工夫は，23を20と3に分けると，20はぴったり数字になって計算しやすくなった。

「スパン」して，「ぴったり数字」にすると，計算しやすいことを全体で共有した。上記の子供のように，かけ算（20×3）ではなく，たし算（20＋20＋20）と考える子供が多く見られた。そこで，下記の子供の考えを，全体で共有した。

C：ぴったり数字にすると……すぐに0とかだったら，0を隠して「二三が六」とかしたり，0を付け足したり，あの……[*1]。
C：ま，かけやすいってことだわな。
C：やりやすい。
C：計算しやすい。

（イ）図で考える（⑩と①で表現）

次に，SY児が「もっと簡単にかける」と言い，右の図2を示した。

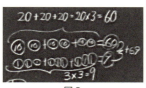
図2

前出の図との共通点を問い,「スパンしてる」(20と3に分けている)ことを見いだした。
T:これってTMさんのとSYさんのと似てる? 似てない?
C:似てる。
T:何が似てた?
C:分けた。
C:スパンしてる,スパンしてる。
　式を問うと,たし算の式が先に出された。教師が,「直すと」と聞き,20×3の式を得た。

(ウ) 計算で求める
　「式だけでやった」というAS児の考え(図3)が出された。
　工夫を問うと,ここでもたし算が出てきた。子供にとっての計算しやすさとは,「ぴったり数字のたし算」と「九九」であることが伺える。

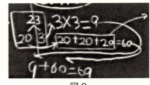
図3

C:かけ算じゃなくてたし算でやっている。
C:20+20+20
T:あ,ここはたし算で作ったところが工夫っていうことでいい?　工夫しているね。でも,このたし算をみんなはもう直せるね。
C:でも,一番の目玉は……[*2]。
T:これ,どう直せる?
C:20×3
C[*2]や前出のC[*1]のように,かけ算でできるよさを感じている子供もいる。また,2つの考えとの共通点を問い,「分けた」「スパンしてる」など,どれも分けていることを共有した。

③ 振り返る・学習感想
　23×3を求めるとき,23を20(ぴったり数字)と3に分ける(スパン)という工夫して,未習の計算の答えを出せたことをまとめた。

4．児童の学習感想より

「また」「次は」など，学んだことを次に生かそうとする姿や，実際に次時に生かす姿が見られた。

HS児は学習感想に，「またぴったり数字にして計算したい」と述べている。23を20と3に分けることで，計算しやすくなると実感していると考えられる。

AS児は，「次はもっと中途半端な数にしたい」と述べている。授業中，20を「ぴったり数字」と発言した子供である。どんな数でも同じように分ければできることを理解したから，「もっと中途半端な数」でもと考えたのだろう。

次時で，43×2を扱ったところ，本時の自力解決で，たして答えを求めていた子供（UM児）は，次時の自力解決で，「ぴったり数字」に分け，かけ算で求める様子が見られた。本時の自力解決で，既に筆算で計算していた子供（OS児）は，次時の自力解決で，意味が友達に伝わるように，40×2と計算する様子が見られた。

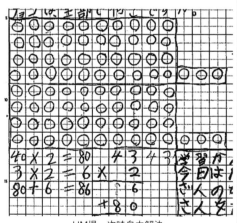

UM児　次時自力解決

OS児↓本時自力解決

↓次時自力解決

本時で,「ぴったり数字に分ける」意味やよさを実感し,使える力となった様子が伺える。

5．「主体的・対話的で深い学び」への改善点

　主体的な学び,対話的な学び,深い学びを日々の授業で実現していくためには,子供が新しいことを学習するときに,常に既習事項と結びつけて考えていこうとする態度が自然に現れるようにしたいと考える。本時では,1,2時間目で学習した何十,何百×1位数の計算が既習事項となり,それを使っていくことを意図している。多くの子供が,数の仕組みに気付き20と3に分け,ピッタリ数字にして計算することを意識できたが,前の授業との結びつきを明確に発言する子供はいなかった。その改善点として,本時の課題（23×3）を1時間目に投げかけ,いくつかの答えの求め方のうち例えば20と3に分けて計算する考えを生かして計算するために,まず,何十,何百×1位数の計算を学習しようという,学習する必然性を子供が最初にもつ流れが考えられる。

　また,比較検討時,「工夫は？」「共通点は？」と教師が問いを発している。これらの問いを教師がすべて発するのではなく,子供が自ら発せられるようにしたい。そのため,学びを振り返ってこれらの問いが深い学びをする上で重要な働きをしていることを理解する機会を意図的に仕組み,それらの問いを自ら発することができるようになりたいとの思いがもてるよう導くことが必要であると考える。これも主体的な学びにつながる重要な指導である。

　題材には,十円や百円を1と見て考えられるよう子供にとって身近な飲み物の代金を求める場面を選んだ。しかし,23円という金額は,子供が「安いね」とつぶやいたとおり,ペットボトルの値段としては現実と離れた金額であった。日常生活の事象を数理的に捉えて問題を解決するという算数・数学の問題発見・解決のプロセスを考えた場合,題材にどのような日常生活の場面を選ぶか,解決したくなるような課題をどう設定するかについて吟味する必要がある。

提案2
第6学年：分数のかけ算

山越 励子

1. はじめに

　本単元では，乗数が分数である場合の乗法の計算の仕方を考え，計算ができるようにすることがねらいである。ここでは，これまでに学習してきた整数や小数の計算の考え方を基にして，理解することが大切である。また，分数の乗法を学んだ後で，これまで学習した整数や小数の乗法をもう一度振り返り，乗法の見方を統合的に見る目を高めてほしいと考えた。

2. 実践事例

(1) 第6学年 「分数のかけ算」
(2) 単元計画（全9時間）
　　第一次　分数のかけ算の意味や計算の仕方を理解し，計算で求める
　　　　　　　　　　　　　　　　　　　　　　　　　　　（7時間）
　　第二次　分数のかけ算の学習を振り返り，理解を確実にする
　　　　　　　　　　　　　　　　　　　　　　　　　（本時：2時間）

3. 実践の概要

(1) 3つの視点に重きを置いた授業
① 主体的な学び
　この単元で整数，小数，分数のかけ算をすべて学習することになる。そこで，「なるほど！かけ算ガイドブックを作ろう」と投げかけ，ガイドブックづくりを行った。子供たちは，学習したことを基に作問したり図や絵を使って説明したりすることに，興味をもって取り組んだ。子供たちは既習事項を生かして，分数のかけ算も同じように考えて取り組むことができると考えた。

② 対話的な学び
　単元の終末には，復習問題に取り組む時間をとることがある。ここでは，全国学力学習状況調査のB問題のように，子供たちが単元全体を通して分数のかけ算の計算の仕方をよりわかりやすく説明し，ガイドブックづくりに生かせる場を設定した。
③ 深い学び
　②に続き「かけ算」について統合的に考えていくことができるように，整数や小数と分数のかけ算の計算の仕方を比較することにした。

(2) 授業の実際
① 主体的な学び：整数，小数のかけ算の仕方を想起するためのガイドブックづくり
　ガイドブックにはかけ算になるわけ，かけ算の計算の仕方，ポイント，問題の4つを書いた。かけ算九九から始めたため，子供たちは，「簡単だね」「小数のかけ算も学習したね」と言いながら，図や絵を加え工夫しながらかき進めていった。また，かけ算に関する本や図鑑も用意し，いつでも読めるようにしておいた。子供たちはかけ算の意味を数直線や表を使ってわかりやすく表現しようと励んでいた。また，オリジナルのキャラクターを作り，ヒントやポイントを書くなど，楽しみながら取り組んでいた。
〈育てたい数学的な見方・考え方〉
　整数の乗法と小数の乗法の相違点と類似点を考える。
② 対話的な学び：図，式，言葉を関連付けながら説明するための計算の仕方の振り返りの場

【8／9時の課題】

ガイドブック　解答編
分数×分数の計算の仕方を説明しよう

図や言葉、式を使って

$\dfrac{5}{7} \times \dfrac{3}{4}$ の計算の仕方

〈育てたい数学的な見方・考え方〉
　計算の意味やきまりに着目し，図や式を用いて考える。
　単元の終末になると，分数×分数は，分母同士，分子同士をかければよいということがわかり，機械的に計算するようになった。
　そこで，単元の終末に，「なぜ分数×分数は，分母同士，分子同士をかけるのか，説明しよう」と再度投げかけ，考える場を設けた。また，この時間の後に，ガイドブックに分数×分数の解説をかくことにした。はじめは，一人で考え，次にグループごとにそれぞれの考えを説明し合った。

グループごとに自分の考えを説明し合う場面

　グループでは，個々の考えを確かめる場となった。また，自分の考えと比較しながら聞いていた。全体での話し合いでは，3つの考えを取り上げることにした（次頁図1，2，3）。
　2／9時では，分数×分数の計算の仕方について考えた。ここでは，面積図，整数に直す式との2つの計算方法から共通点を見つけ，公式を導き出すことができた。8／9時で，もう一度，計算の仕方を説明する場面を設けたことで，子供たちは3種類の方法で説明することができた。そこで，3種類の考えの関連性を見出す場面を設けた。
　T：3つの考えに関連しているところはありませんか。
　C：$\frac{5}{7}×\frac{3}{4}$は，$\frac{5}{7}$を4等分したものが，3つあるというところです。
　　　式にすると，$\frac{5}{7}×\frac{3}{4}=\frac{5}{7}÷4×3$
　C：面積図と同じ意味と同じだと思います。

〈重なり法〉
面積図を使った考え

〈置き換え法〉
$\frac{3}{4}$は4等分したうちの3つ分

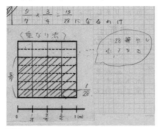
図1

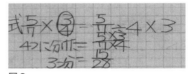
図2

〈整数法〉
分数を整数に直す考え　→

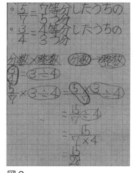
図3

　これまで，別々の考えとして捉えていた子供たちは，分数のかけ算の意味について面積図を区切りながら説明することで，図と式とを関連付けて考えることができた。

　単元の中に，2回（2時，8時）分数の計算方法について考えたり説明したりする時間を設けたこと，話し合いの中に個人，グループ，全体と学習形態を変えたことにより，互いの考えを理解し，よりよい考えへと深めていくことができた。しかし，教師が「関連しているところはありませんか」と発問するのではなく，子供たちから図や式を関連付けて説明した方がわかりやすいということに気付いていけるような課題や場の設定が必要であった。

③ 深い学び：かけ算を統合的に捉えるための整数，小数，分数のかけ算の
　　　　　　計算の仕方を比べる場

　9／9時では，総まとめの「かけ算」をガイドブックの最後のまとめのページに書くことにした。そこで，総まとめの「かけ算」を見直す場を設けた。整数，小数，分数で求め，図や計算方法の視点で3つ

を比べることで，かけ算の共通点を見いだすことができると考えたからである。

【9／9時の課題】

> ガイドブック　まとめ編
> かけ算の計算の仕方についてまとめよう

> (問題)　1Lの重さがAkgの砂があります。この砂のBLの重さは，何kgですか。

> A＝0.2　B＝$\frac{1}{2}$　のとき　$0.2×\frac{1}{2}$

〈育てたい数学的な見方・考え方〉

　整数の乗法，小数の乗法，分数の乗法を統合的に考える。
　はじめにA＝2，B＝5の整数の場合を提示した。子供たちはすぐに求めることができた。次に，小数と分数の交じった数値を提示した。小数か分数，どちらかにそろえて計算すればよいことに気付き，2種類の方法で求めることができた。整数，小数，分数の3つの計算方法とそのわけが出てきたところで，3つを比べる場を設けた。

C：分数は分数に，小数は小数にそろえると計算できます。
C：全部，整数に直して計算しています。
C：整数に直した方がわかりやすく計算できます。
T：例えば，どんな計算ですか？
C：小数の場合は，0.2×0.5は10倍して2×5になります。
C1：分数でもできると思います。0.2は，$\frac{2}{10}$にして計算すればよいです。

ここでＣ１の考えを整理しておく必要があった。Ｃ１は，小数のように計算のきまりを使ってできないかと考えたやり方である。そこで，この考えを取り上げてみんなで，確認する場が必要であった。分数のかけ算の計算の仕方には，分母同士，分子同士をかけるやり方もあれば，小数のように計算のきまりを使ったやり方もある。話し合いの中で，この２つの計算方法が混在してしまったように思われる。

（黒板にある考え）

$0.2 = \frac{2}{10}$ だから　$\frac{2}{10} \times \frac{1}{2} = \frac{2 \times 1}{10 \times 2}$

$\phantom{0.2 = \frac{2}{10} だから \frac{2}{10} \times \frac{1}{2}} = \frac{1}{10}$

（Ｃ１の考え）

分数　$\frac{2}{10} \times \frac{1}{2} = \frac{1}{10}$　$\frac{1}{100}$倍

　　　　10倍　　10倍

整数　$2 \times 5 = 10$

　次時に，２つの考えを整理し，追体験を行った。振り返りには，次のようなことを書いている。

　分数や小数のかけ算は、九九に戻して計算していました。すべての基が、なんと２年生で習った九九だったとは！と驚きました。

　このように，整数，小数，分数と横並びにそれぞれの分野で考えていたかけ算を統合的に捉えることで，かけ算は，かけ算九九が基になっていることを知り，驚いている子供たちが多くいた。
　また，次の「分数のわり算」の学習でも，整数に戻して考えようとする姿が見られた。
　教師から似ているところを求める発問をするのではなく，子供たちから自発的に似ているところを考えたくなるような課題や発問を工夫していかなければならない。また，振り返りの言葉が，授業の考えをつくり上げていく中で出てくることがこれからは必要である。子供たちが，既習の学びとつなげて考えていくことができるような手立てを工夫していくことが大切であると考える。

【追記】中村享史先生を偲んで

　中村先生は今年9月25日現職のうちに逝去されました。ご冥福をお祈りします。

　先生は，算数・数学教育をご専門とされ，主として算数科の授業の実践経験を踏まえて実践的，理論的研究を展開され，算数・数学教育界を先導され，多大な貢献をされてきました。わが新算研の諸事業にも積極的に関わっていただき，大変お世話になってきました。

　先生と私のはじめの出会いは，東京学芸大学附属世田谷小学校で教鞭を執られていた頃，ちょうど元号が平成に変わる直前で，平成元年改訂の学習指導要領の作成作業が進行している時期でした。附属世田谷小学校では，算数科の提案授業を公開される機会が多くあり，新算研元会長中島健三先生はじめ多くの先生方と提案授業について闊達な議論が展開されていたことが思い出されます。その後，山梨大学へ転出され，大学での教育と研究に携わるとともに，教育学部長として重責を果たされ，社会的活動としても日本数学教育学会主催の論文発表会及び全国大会を責任者として立派に開催されました。当時会長を務めさせていた私としては大変有り難く，感謝申し上げております。

　先生に最後にお会いしたのは，今年3月30日の算数数学WGの会議でした。その後，懇親会があり，和やかなひとときを過ごさせていただくとともに，次期学習指導要領の改訂に向けて熱き思いを語り合うことができました。実は，そのとき，この提案と協議の場にご出席いただくことを予定していましたが，翌4月の体調急変の報に接し，ご無理をお願いできないということで断念せざるを得ませんでした。幸いにも，大学の同僚である清水宏幸先生と笠井さゆり先生にご協力いただけることとなり，両先生には大変有り難く感謝申し上げます。

　算数数学WGはその第一回の会議を平成27年12月17日に開催しています。この会議では，各委員が今後の検討に向けて，自己紹介と抱負を述べています。議事録は公開されていますが，発言者の意見の羅列となっています。中村先生の発言の要点は次の通りです。

　まず，「学習指導要領を作るというか，考えるときには，やはり不易と流行という言葉がありますけれども，過去に学ぶことが非常に重要だと私は考えております」として，不易流行に配慮した見直しを提

案されました。

　具体的には，「例えば，簡潔というのは，ここで言いますと資質・能力に関わる，いわゆる能率性や形式性，明確には論理的に正しく明らかに考える，あるいはわかりやすいというようなやり方ですね。そして，統合は一般や拡張というように，ここで算数・数学で育成すべき資質・能力がある点，明確になるのではないかと思います」「高校では昭和30年に科目『数学Ⅰ』のところで中心概念という形で，数学的な考え方の内容の例示をしております。これが，例えば概念を記号で表すこととか，あるいは演繹的な推論によって知識を体系立てることとか，対応関係や依存関係を捉えることなど，数学的な考え方についての様々な資質・能力も含めたものが書かれています」とされ，算数・数学のカリキュラムはどういうふうな形で変遷してきたかを「もう一度振り返り，その中で，今までの中で重要だというものを残さなければいけない，いわゆる不易の部分と，それから新しく未来に向けて加えていかなければいけない，これをきちんと峻別してやっていくべきだと私は考えています」と結ばれています。

　このご発言が契機となり，今年8月26日の「審議のまとめ」において明らかにされていますように，算数数学WGとして合意を得ることができ提案することとなった主要な3点を以下にまとめます。

　第一に，教科目標の示し方を，昭和50年代改訂以降今日までの一文での記述から昭和40年代改訂の「総括目標＋具体目標」で二重構造の記述に改めること

　第二に，具体目標の二番目で「統合的・発展的に考察する力」を挿入し，懸案の発展的・統合的な考え方の精神を復活させていること

　第三に，従前，算数・数学教育で大切にしてきた「数学的な考え方」「数学的な見方や考え方」などを受け継ぎ，それらを「数学的な見方・考え方」とし，「事象を数量や図形及びそれらの関係などに着目して捉え，論理的，統合的・発展的に考えること」と再定義して，「深い学び」をその成長で捉える方向を打ち出していること

　中村先生の生前のご尽力に敬意を表し，改めてご冥福をお祈りします。

　　　　　　　　　　　　　　　（平成28年9月28日　清水（静）記）

執筆者一覧

清水　静海	（帝京大学教授・新算数教育研究会会長）		はじめに・第3部
笠井　健一	（国立教育政策研究所教育課程調査官）		特別寄稿
金本　良通	（日本体育大学教授・新算数教育研究会副会長）		第1部・提言1
石田　淳一	（横浜国立大学教授・新算数教育研究会副会長）		第1部・提言2
池田　敏和	（横浜国立大学教授・新算数教育研究会研究事業部長）		第2部・第1章・第1節
佐藤　学	（秋田大学教授）		第2部・第1章・第2節
茂呂美恵子	（東京都大田区立赤松小学校長）		第2部・第1章・第3節
岡崎　正和	（岡山大学教授）		第2部・第1章・第4節
二宮　裕之	（埼玉大学教授・新算数教育研究会調査普及部長）		第2部・第2章・第1節
松尾　七重	（千葉大学教授・新算数教育研究会総務部長）		第2部・第2章・第2節
細水　保宏	（明星大学客員教授）		第2部・第2章・第3節
長谷　豊	（東京都目黒区立八雲小学校長）		第2部・第2章・第4節
清水　美憲	（筑波大学教授・新算数教育研究会編集部長）		第2部・第3章・第1節
中野　博之	（弘前大学教授）		第2部・第3章・第2節
齊藤　一弥	（神奈川県横浜市立六浦南小学校長）		第2部・第3章・第3節
赤井　利行	（大阪総合保育大学教授）		第2部・第3章・第4節
蒔苗　直道	（筑波大学准教授）		第3部
清水　宏幸	（山梨大学准教授）		第3部
中川　愼一	（富山県南砺市立福光東部小学校長）		第3部
山越　励子	（富山県砺波市立庄川小学校教諭）		第3部
笠井さゆり	（山梨大学教育学部附属小学校教諭）		第3部

講座 算数授業の新展開
算数の本質に迫る
「アクティブ・ラーニング」

2016（平成28）年10月31日　初版第1刷発行
2017（平成29）年2月13日　初版第2刷発行

編　著：新算数教育研究会
発行者：錦織圭之介
発行所：株式会社 東洋館出版社
　　　　〒113-0021　東京都文京区本駒込5-16-7
　　　　営業部　TEL 03-3823-9206／FAX 03-3823-9208
　　　　編集部　TEL 03-3823-9207／FAX 03-3823-9209
　　　　振替　　00180-7-96823
　　　　URL　　http://www.toyokan.co.jp

装　丁：國枝　達也
印刷・製本：藤原印刷株式会社
ISBN978-4-491-03284-9

JCOPY　＜(社)出版者著作権管理機構　委託出版物＞
本書の無断複写は著作権法上での例外を除き禁じられています。複写される場合は、そのつど事前に、(社)出版者著作権管理機構（電話03-3513-6969, FAX 03-3513-6979, e-mail:info@jcopy.or.jp）の許諾を得てください。